한권으로 끝내는

SW 코딩자격
스크래치 3급

박희숙·박창수·김세호·김석전 공저

光文閣
www.kwangmoonkag.co.kr

머리말

SW 코딩자격은 디지털 시대의 미래 인재 핵심 역량인 컴퓨팅 사고력을 기반으로 문제해결 능력을 평가하기 위한 자격입니다. 무엇보다도 프로그래밍을 통한 컴퓨팅 사고력을 키우는 것이 중요합니다.

미래 인재가 갖춰야 할 역량으로 창의력, 논리력, 문제 해결 능력, 융합 능력이 있으며, 이 능력을 함양하는 적합한 교육이 바로 프로그래밍 교육이라 할 수 있습니다. 이 프로그래밍을 쉽게 배울 수 있는 도구가 바로 스크래치입니다.

스크래치는 MIT 미디어랩 연구진에 의해 개발되어 다양한 국가들에서 사용하고 있으며, 다양한 프로젝트를 창조하여 공유하고 있습니다. 스크래치 사이트를 방문해 보면 과학 시뮬레이션, 예술, 음악, 애니메이션을 사용한 동화 등 다양한 프로젝트를 볼 수 있습니다.

본 교재는 다년간 프로그래밍 교육을 담당한 교수진들이 현장에서 얻은 다양한 경험을 바탕으로 출제 유형을 분석하여 책에 담고자 노력하였습니다. 프로그래밍을 처음 접하는 초·중등학교 학생과 일반인들이 프로그래밍을 쉽게 학습하도록 예제와 설명 중심으로 집필하였습니다. 또한, 초보 프로그래머가 프로그래밍의 구성에 따라 논리적인 사고를 할 수 있도록 강조하면서 프로그래밍 개념 설명을 하였으며, 프로그래밍의 구조를 순서대로 설명하면서 해당 개념에 대한 스크립트를 따라가면서 완성하는 예제를 수록하였습니다. 따라서 예제를 진행하면 자연스럽게 스크래치 프로그램을 습득할 수 있을 것입니다. 또한, SW 코딩자격 시험 응시를 위해 모의고사를 수록하였습니다.

끝으로 이 책이 출간되기까지 협조해 주신 광문각출판사 박정태 회장님과 임직원들께 진심으로 감사드리며, 본 교재로 자격시험을 준비하는 모든 분에게 합격의 영광이 함께하길 기원합니다.

저자 일동

목차

SCRATCH

PART I

SW 코딩자격시험 소개

SW 코딩자격증 소개

1.1 SW 코딩자격시험 안내

SW 코딩자격 **디지털 시대의 미래 인재 핵심 역량인 컴퓨팅 사고력을 평가하기 위한**
자격입니다.

교육부와 과학기술정보통신부의 SW 교육 운영 기조에 부합하는 과정으로 구성되었으며, 국제 IT 자격기관인 ECDL Foundation과 공동개발하여 국제 평가 표준을 반영합니다.

1 민간자격 등록번호

- 등록번호: 2017-2743 SW코딩자격 1급, 2급, 3급
- 자격 종류: 등록 민간자격

- 상기 "1급, 2급, 3급" 자격은 자격기본법 규정에 따라 등록한 민간자격으로, 국가로부터 인정받은 공인 자격이 아닙니다.
- 민간자격 등록 및 공인 제도에 대한 상세 내용은 민간자격 정보 서비스(www.pqi.or.kr)의 '민간자격 소개' 란을 참고하여 주십시오.

2 자격 특징

1) 전문 자격기관인 한국생산성본부에서 시행하는 자격입니다.
- 산업발전법에 의거하여 설립된 한국생산성본부에서 시행합니다.
- 공정성, 객관성, 신뢰성을 갖춘 공신력 있는 자격시험입니다.

2) 컴퓨팅 사고력 기반 문제 해결 능력을 평가하기 위한 자격입니다.

- 코딩을 통하여 컴퓨팅 사고력을 신장시킬 수 있도록 과정을 구성하였습니다.
- 단순·반복식 코딩 기술(skill) 평가를 지양하며, 상황 기반(context-based)의 창의적 문제 해결력을 평가합니다.

3) 취득을 위한 자격이 아닌, '활용을 위한 자격'입니다.

- 자격 취득 자체를 위한 것이 아니라, 학습 과정을 통해 학습자가 4차 산업혁명기 시대의 선도적 역량을 키울 수 있도록 하기 위한 자격입니다.
- 이를 위하여 다양한 학습용 교재 및 컨텐츠가 개발되어 있습니다.

3 응시 자격

제한 없음

4 시험 과목

자격 종목(과목)	등급	문항 및 시험 방법	시험 시간	S/W Version
SW 코딩자격	1급	컴퓨팅적 사고력과 알고리즘 정보 윤리와 정보 보안 실생활과 IoT IoT코딩	60분	① Entry Offline v1.6.4 ② Scratch 2.0(or 3.0) Offline Editor ①② 중 택1
	2급	컴퓨팅적 사고력과 문제 해결 알고리즘 설계 프로그래밍 언어 이해와 프로그래밍 피지컬 컴퓨팅 이해	45분	
	3급	문제 해결과 알고리즘 설계 기본 프로그래밍	45분	

- S/W Version은 반드시 시험전에 시행처 홈페이지에서 재확인하시기 바랍니다.

5 합격 결정 기준

100점 만점에 70점 이상인 자

6 응시료

구분	접수 과목	응시료
일반 접수	1급	30,000원
	2급	25,000원
	3급	20,000원

- 부가가치세 포함 및 결제 대행 수수료 1,000원 별도 금액
- 부분 과목 취소 불가

7 시험 시간

교시	입실 시간	시험 시간	비고
1교시(3급)	08:50까지	09:00~09:45	
2교시(2급)	10:20까지	10:30~11:15	정기시험 기준
3교시(1급)	11:50까지	12:00~13:00	

- 정기시험 기준으로 시험 일정에 따라 변경될 수 있습니다.

8 시험 일정

- 기준 연도: 2021년
- SW 코딩자격(2, 3급)은 2, 5, 8, 11월 정기시험에 시행됩니다.
- SW 코딩자격(1급)은 5, 11월 정기시험에 시행됩니다.
- 시험 방문 접수는 'KPC 자격지역센터'에서 가능합니다. 지역센터로 사전 연락 후 내방 바랍니다.(자세한 시험

  일정 참조: https://license.kpc.or.kr/nasec/qlfint/qlfint/selectSwc.do)

1.2 SW 코딩자격 3급 시험 출제 기준

과목 ①1 문제 해결과 알고리즘 설계

세부 항목	성취 기준 및 주요 출제 요소	배점
컴퓨팅 사고력의 필요성	**성취 기준** • 생활 속에서 소프트웨어가 사용된다는 것을 예를 들어 설명할 수 있다. 　– 다양한 분야에서 활용되는 소프트웨어의 종류와 특징을 설명할 수 있다. 　– 소프트웨어의 사용이 실생활을 어떻게 변화시켰는지 이해하고 소프트웨어의 　　중요성을 설명할 수 있다. • 창의·융합 시대에서 컴퓨팅 사고가 무엇인지 설명할 수 있다. 　– 컴퓨팅 사고가 무엇인지 설명할 수 있다. 　– 실생활에서 컴퓨팅 사고가 적용된 예를 찾아낼 수 있다. 　– 절차적인 문제 해결의 의미와 중요성을 설명할 수 있다. **주요 출제 요소** • 소프트웨어의 개념, 소프트웨어의 종류, 컴퓨팅 사고력의 개념과 필요성, 　컴퓨팅 사고력의 구성 요소 • 사고력의 구성 요소, 절차적 문제 해결의 의미와 중요성	30점
문제 해결 과정 이해와 적용	**성취 기준** • 상황 속에서 문제를 정확하게 표현할 수 있다. • 다양한 문제 해결 방법을 찾아낼 수 있다. 　– 문제 해결 방법의 문제점과 개선 방법에 대해 설명할 수 있다. 　– 문제 해결에 적합한 방법을 선택할 수 있다. **주요 출제 요소** • 문제 표현, 문제 분해, 자료 수집, 문제 해결 방법 탐색, 문제 해결 방법 비교와 　선택 • 문제 해결 방법 개선, 문제 해결 방법 단순화	
기본 구조의 알고리즘 설계	**성취 기준** • 실생활의 사례와 연계하여 알고리즘이 무엇인지 그 의미와 중요성을 알 수 있다. • 알고리즘이 갖추어야 할 조건을 이해하고 다양한 알고리즘을 작성할 수 있다. 　– 여러 가지의 알고리즘 표현방법을 이해하고 설명할 수 있다. 　– 문제 해결 절차를 여러 가지 알고리즘 표현법으로 나타낼 수 있다. • 일상생활의 문제 해결을 위해 알고리즘을 설계할 수 있다. **주요 출제 요소** • 알고리즘 개념과 중요성, 컴퓨터의 기능과 알고리즘의 관계, 순서도 작성 • 알고리즘 장점과 단점 비교	20점

과목 **2** 기본 프로그래밍

세부항목	성취 기준 및 주요 출제 요소	배점
프로그래밍 언어 이해	**성취 기준** • 프로그래밍 언어의 개념과 종류를 설명할 수 있다. 　– 프로그래밍 언어의 기본 요소를 알 수 있다. • 자료의 입출력문을 작성할 수 있다. 　– 반복문의 필요성을 이해하고 사용할 수 있다. 　– 조건문의 필요성을 이해하고 사용할 수 있다. 　– 여러 형태의 반복문과 조건문을 사용할 수 있다.	
블록 프로그래밍	**성취 기준** • 화면 구성과 주요 용어를 알 수 있다. • 주어진 블록을 순차적으로 사용하여 목표물까지 이동할 수 있다. • 반복되는 명령을 블록으로 만들 수 있다. 　– 횟수 반복/조건 반복/계속 반복 등을 주어진 상황에 맞게 사용할 수 있다. • 다양한 조건을 고려하여 다른 동작을 하는 프로그램을 만들어 볼 수 있다. 　– 논리 연산을 활용할 수 있다. 　– 관계 연산을 활용할 수 있다. • 이벤트의 개념을 이용하여 프로그래밍할 수 있다. • 변수를 활용하여 프로그래밍할 수 있다. • 좌표를 활용하여 배경이 계속해서 이어지는 효과를 만들 수 있다. • 함수의 의미를 이해하고 프로그래밍할 수 있다. • 장면 연결 등을 통해 두 개 이상의 장면을 구성할 수 있다. • 대화하기를 사용하여 스토리를 창작할 수 있다. **주요 출제 요소** • 엔트리(또는 스크래치) 화면 구성, 기본 코드, 순차 구조, 반복 구조, 선택 구조, 변수, 입출력 • 이벤트, 신호, 산술 연산, 비교 연산, 리스트, 무작위 수	50점

Scratch Offline Editor 소프트웨어 설치 방법

2.1 Scratch Offline Editor 설치하기

❶ 웹 사이트 주소 'https://scratch.mit.edu/download/'에 접속한다

❷ 다음 화면이 보일 때까지 스크롤바를 아래쪽으로 이동한 후 **바로 다운로드**를 클릭한다.

❸ 오른쪽 상단에 다운로드를 위한 작은 팝업창이 열리고 다운로드가 진행이 되며, 다운로드 완료 후 다음과 같은 [파일 열기]가 나타나면 이것을 클릭한다.

❹ 다음과 같은 설치화면이 나타나면 **[설치]** 버튼을 클릭하여 소프트웨어 설치를 시작한다.

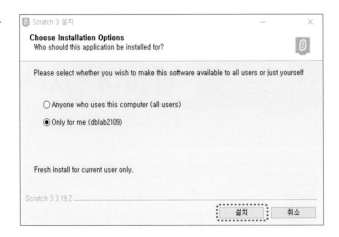

❺ 소프트웨어 설치가 진행된 후 다음과 같은 화면이 나타나면 **[마침]** 버튼을 클릭한다.

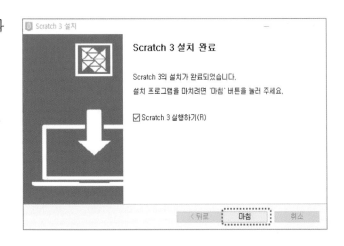

❻ 소프트웨어 설치가 완료된 후 다음과 같은 화면이 나타나면 여기서 두 번째 옵션을 선택하고 **[Close]** 버튼을 클릭하면 스크래치 프로그램이 실행되는 것을 확인할 수 있다.

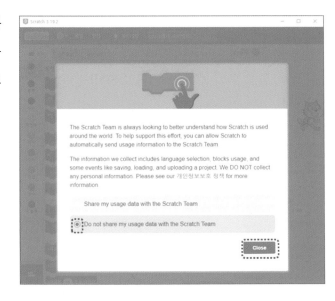

❼ 스크래치 시작 화면에서 화면 상단의 사용할 언어 선택 아이콘(🌐)을 클릭하여 '한국어'를 클릭한다. (보통은 기본적으로 한국어가 이미 선택되어 있음)

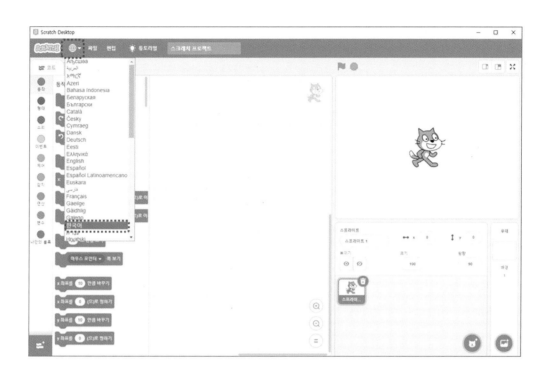

SCRATCH

PART II

일상생활에서의 문제 해결과 알고리즘 설계

CHAPTER 01 컴퓨팅 사고와 코딩

1.1 컴퓨팅 사고(CT: Computational Thinking)란?

컴퓨팅 사고(Computational Thinking)는 우리가 접하는 어려운 문제를 컴퓨터를 이용하여 효과적으로 해결할 수 있도록 문제를 정의하고 그에 대한 답을 찾아가는 과정을 포함한 사고 과정 전체를 말하는 것이다. 컴퓨팅 사고라는 용어는 시모어 페퍼트(Seymour Papert) 교수가 처음으로 제시하였고, 지넷 윙(Jeannette M. Wing) 교수가 컴퓨팅 사고가 단지 컴퓨터 과학자에만 국한되지 않고 모든 사람에게 필요한 근본적인 기술이 되었다고 제시하였으며, 컴퓨팅 사고의 하위 개념으로 추상화(Abstraction)와 자동화(Automation)를 소개하였다.

윙 교수는 컴퓨팅 사고력을 크게 추상화와 자동화로 구분하였다. 추상화는 실제 문제를 해결 가능한 형태로 나타내기 위한 사고 과정이고, 자동화는 추상화 과정을 통해 만들어진 해결 모델을 컴퓨터가 이해할 수 있는 프로그래밍 언어로 표현하여 컴퓨터를 통해 수행하는 것이다.

국제교육공학협회(ISTE)와 컴퓨터과학교사회(CSTA)에서는 컴퓨팅 사고력의 세부 요소를 자료 수집, 자료 분석, 자료 표현, 문제 분해, 추상화, 알고리즘과 절차, 자동화, 시뮬레이션, 병렬화 등의 9가지 요소로 제시하였다.

1.2 코딩(Coding)이란?

코딩이란 컴퓨터가 이해할 수 있는 언어로 프로그램을 작성하는 과정을 말한다. 즉 알고리즘을 컴퓨터가 이해할 수 있는 컴퓨터 프로그래밍 언어인 자바, C, 파이썬, 스크래치 등의 다양한 언어 중에서 하나를 선택하여 프로그램을 만들어 컴퓨터에 입력하는 과정을 의미한다. 확장된 의미에서 '프로그램을 작성한다'는 뜻의 '프로그래밍'과도 같은 개념으로 사용되기도 한다.

CHAPTER 02

문제 해결

일상생활 속에서 우리가 접하게 되는 특정한 상황에 대한 문제를 이해하고 해결하기 위한 방법을 찾은 것을 말한다. 해결 방법을 찾기 위해서는 컴퓨터적인 사고력의 관점에서 문제를 해결하기 위해 추상화, 분해 및 패턴 인식 등의 개념을 이용할 수 있다.

2.1 추상화(Abstraction)

추상화는 어떤 문제를 만났을 때 문제 해결을 위해 필요한 핵심 요소를 확인하고 불필요한 요소를 제거하여 해결 가능한 형태로 표현하는 것이다. 예를 들어 서울의 지하철 노선을 생각해 보자. 10개 이상의 노선을 불필요한 점은 제거하고, 역 사이의 순서와 환승역을 중심으로 나타내고, 각 노선을 색깔로 구별하고 역 이름만 표시하도록 단순화하여 나타낸다. 사람들이 한눈에 자기가 가고 싶은 지점과 노선을 구별할 수 있다.

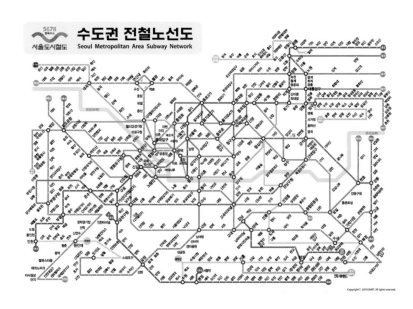

2.2 분해(Decomposition)와 패턴 인식(Pattern recognition)

문제를 해결하기 위해서는 정확하게 분석하여 작은 단위로 분해하고 핵심 요소를 파악한 후 프로그래밍을 한다. 구글이 추가로 제시한 구성 요소를 살펴보면 다음과 같다.

구성 요소	정 의
분해(Decomposition)	문제를 해결 가능하도록 작은 단위로 분해하는 것
패턴 인식(Pattern recognition)	분해된 자료에서 일정한 규칙, 패턴을 찾아 모델화하거나 숨어 있는 것을 예측하는 것
패턴 추상화(Pattern abstraction)	패턴에서 원리와 법칙을 단순화하여 기호화하는 것
알고리즘 설계(Algorithms)	현재 문제와 유사한 문제를 풀기 위해 의사 코드를 사용하여 문제 해결 방법을 단계적으로 구현하는 것

CHAPTER 03 알고리즘과 순서도 설계

3.1 알고리즘(Algorithm)의 개념

주어진 어떤 문제를 논리적으로 해결하기 위한 절차, 방법 등을 자연어 언어, 문자, 순서도(용도가 정해진 도형을 이용하여 그림으로 표현), 가상 코드(프로그래밍 언어와 비슷한 형태이지만 실제 실행은 안 됨), 각종 프로그래밍 언어 등을 이용하여 표현한 것을 말한다.

1 알고리즘의 조건

모든 알고리즘은 다음과 같은 5가지의 조건을 만족해야만 한다.

❶ 입력: 0개 이상(경우에 따라 입력 데이터가 없을 수도 있음)의 데이터가 외부에서 입력되어야 한다.

❷ 출력: 적어도 반드시 한 가지 이상 외부로 출력 결과가 있어야 한다.

❸ 명백성(명확성): 각 명령들은 명확해야 한다.

❹ 유한성: 알고리즘의 주어진 명령을 모두 수행하면 반드시 종료되어야 한다.

❺ 효과성: 모든 명령들은 명백하고 컴퓨터상에 실행 가능한 것이어야 한다.

2 알고리즘의 표현법

가장 대표적이고 일반적으로 사용되는 알고리즘을 표현하는 방법은 순서도이다. 순서도를 작성할 때에는 국제표준화기구(ISO : International Standard Organization)에서 그 용도가 정의된 도형 기호들을 사용하여 의미에 맞게 작성하여야 한다. 다음의 표는 순서도에 사용되는 기호들이다.

순서도 기호	사용되는 의미
	시작과 종료를 표시하는 기호
	변수의 초기화 및 준비사항을 표시하는 기호
	데이터 입력과 출력을 표시하는 기호
	비교 판단을 위한 조건문을 표시하는 기호로 조건문의 판단 결과는 참/거짓(true/false)로 결정됨
	여러 가지 연산, 데이터 이동 등의 처리를 표시하는 기호
	순서도에서 처리 흐름을 나타내는 흐름선 기호
	반복문(Loop: 루프)를 나타내는 기호
	문서(종이)로 출력하는 것을 나타내는 기호

3.2 알고리즘의 종류와 순서도 표현법

알고리즘의 종류로는 명령어 실행을 진행하는 순서에 따라 몇 가지 종류로 구분된다. 가장 대표적인 것은 순차 구조 알고리즘, 선택 구조 알고리즘, 반복 구조 알고리즘이 있으며, 이런 알고리즘들을 표현하기 위해 순서도가 가장 일반적으로 사용이 되고 있다.

1 순차 구조 알고리즘과 순서도 표현

명령문의 실행 순서가 중간에 바뀌지 않고 정의된 순서대로만 실행되는 구조이다. 다음은 순차 구조 알고리즘에 대한 순서도의 예를 보여준 것이다.

예제 두 개의 숫자 20과 30을 더한 결과를
구하시오.

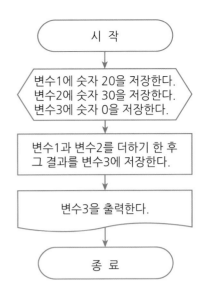

Tip 참조

변수란? 프로그램 명령문을 작성할 때 어떤 값을 저장하기 위한 기억 장소 이름을 말한다. 위의 순서
도 그림에서 변수1, 변수2, 변수3은 모두 각각의 변수에 해당한다.

2 선택 구조 알고리즘과 순서도 표현

비교 조건문을 사용하여 조건 비교 판단 결과 값이 '참(ture)/예(Yes)'일 때와 '거짓(false)/아니오(No)'일 때 다
른 명령문을 실행한다. 다음은 선택 구조 알고리즘에 대한 순서도의 예를 보여준 것이다.

예제 은석이는 비가 오지 않으면 운동장에서
친구들과 축구를 하기로 약속하였고, 만
약 비가 오면 친구들에게 약속을 취소하
는 톡을 보내기로 하였다.

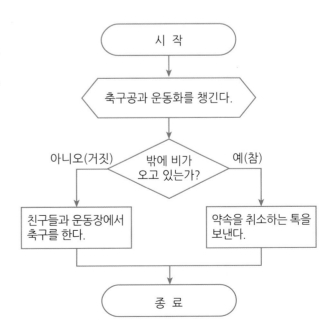

3 반복 구조 알고리즘과 순서도 표현

정해진 횟수만큼 또는 주어진 조건이 참이 될 때까지 명령문을 반복해서 실행한다. 다음은 반복 구조 알고리즘에 대한 순서도의 예를 보여준 것이다.

예제 장미는 지금부터 오후 2시까지 피아노 연습을 하기로 엄마와 약속을 하였다.

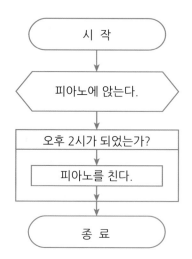

SCRATCH

PART III

스크래치 주요 기능 알아보기

스크래치 화면 구성 요소

스크래치 오프라인 프로그램을 설치한 후 바탕 화면에서 실행 아이콘( )을 더블클릭하여 실행하면 다음과 같은 스크래치 전체 화면 구성 요소가 나타난다. 구성 요소는 메뉴 바 영역, 탭 메뉴 영역(명력블록 팔레트 영역이 함께 보임), 스크립트 영역, 무대 영역(실행 화면), 스프라이트 영역, 무대 배경 영역들로 구성되어 있다.

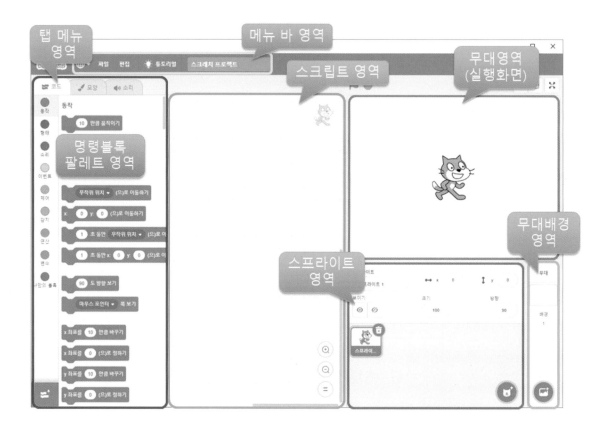

메뉴 바 영역의 구성 요소들

이 영역은 스크래치의 상단에 위치하고 있으며, 그 구성 요소들과 기능들은 아래와 같다.

① 스크래치(SCRATCH) 로고: 스크래치 프로그램의 로고이다.

② 언어 선택: 스크래치 프로그램에서 사용할 언어를 선택하여 설정한다. (예: 한국어)

③ 파일: 새로 만들기, Load from your computer(파일 불러오기), 컴퓨터에 저장하기(파일 저장) 기능 등을 수행하는
서브 명령어들을 포함하고 있다.

④ 편집: 되돌리기, 터보 모드 켜기 등의 기능을 수행하는 명령어들이다.

⑤ 튜토리얼: 초보 사용자를 위해 다양한 예제를 통하여 스스로 학습을 할 수 있는 자습서 기능을 제공한다.

⑥ 스크래치 프로젝트: 스크래치 프로젝트 이름을 직접 입력하여 지정할 수 있다. (보통은 파일을 저장하면 저장 파일 이
름이 프로젝트 이름으로 지정됨)

> **Tip 참조**
>
> 스프라이트(Sprite)란? 스크래치에서 명령블록의 동작을 수행하는 주체를 지칭한다. 즉 프로그램의
> 실행에서 동작을 수행하는 역할을 하는 캐릭터들을 말한다. 스크래치의 기본 스프라이트는 고양이
> (🐱)이며, 이 외에도 다양한 종류의 등록된 스프라이트(캐릭터)들이 제공되고 있다.

CHAPTER 03 탭 메뉴 영역의 구성 요소들

이 영역은 [코드] 탭, [모양] 탭, [소리] 탭 등 3개의 탭 영역으로 구성되어 있다.

3.1 코드 탭

이 탭은 명령블록 팔레트, 스크립트, 무대(실행 화면), 스프라이트 목록, 무대 배경 등의 세부 영역들로 구성되어 있다. 실제 프로그래밍을 작성할 때 필요한 명령블록들을 포함하고 있는 명령블록 팔레트 영역은 동작, 형태, 소리, 이벤트, 제어, 감지, 연산, 변수, 나만의 블록 등 9개의 주요 카테고리들로 구성되어 있으며, 개별 카테고리들은 유사한 기능을 수행하는 명령블록들을 포함하고 있다. 스크래치 프로그램의 작성은 명령블록 팔레트 영역에서 필요한 명령블록들을 스크립트 영역에 가져다 조립하는 것으로 코딩이 이루어진다. 이 탭은 가장 중요하고 가장 많이 사용되는 탭일 뿐만 아니라 스크래치 프로그램의 모든 구성 요소들(스프라이트, 무대 배경 등)의 모든 동작을 지시하고 제어하기 위해 사용이 된다.

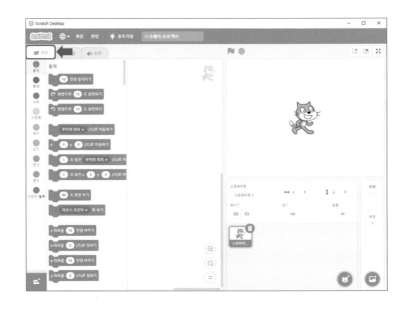

[코드] 탭에서는 기본으로 제공되는 명령블록 카테고리들 뿐만 아니라 음악, 펜을 비롯하여 11개의 카테고리들이 추가로 제공이 된다. 따라서 다른 카테고리에 해당하는 명령블록 팔레트가 필요한 경우 명령블록 팔레트 영역의 아래쪽에 있는 확장 기능 추가하기 아이콘(📑)을 클릭하면 다음과 같은 확장 기능 고르기 창이 나타난다. 여기서 필요한 명령블록 팔레트를 추가하여 사용할 수 있다.

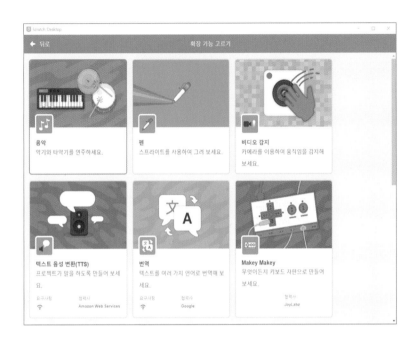

3.2 [코드] 탭의 명령블록 팔레트별 명령블록의 기능들

1 동작(동작) 명령블록 팔레트

스프라이트의 동작과 관련된 명령블록들의 모음이다. 무대(실행 화면)에서 스프라이트가 어떻게 원하는 위치로 이동하고 회전하는지 등에 관한 기능을 수행한다.

명령블록	기능 설명
10 만큼 움직이기	스프라이트가 향하고 있는 방향으로 스프라이트를 지정한 숫자만큼 이동시킨다.
방향으로 15 도 회전하기	스프라이트를 입력한 숫자만큼 시계 방향으로 회전을 시킨다.

명령블록	
↻ 방향으로 15 도 회전하기	스프라이트를 입력한 숫자만큼 시계 반대 방향으로 회전을 시킨다.
무작위 위치 ▾ (으)로 이동하기	스프라이트를 무작위 위치 또는 마우스 포인터 위치로 이동시킨다.
x 0 y: 0 (으)로 이동하기	스프라이트를 지정한 x 좌푯값과 y 좌푯값에 해당하는 위치로 이동시킨다.
1 초 동안 무작위 위치 ▾ (으)로 이동하기	지정한 시간 동안 무작위 위치 또는 마우스 포인터 위치로 스프라이트를 이동시킨다.
1 초 동안 x: 10 y: 0 (으)로 이동하기	지정한 시간 동안 지정한 x 좌푯값과 y 좌푯값에 해당하는 위치로 스프라이트를 이동시킨다.
90 도 방향 보기	스프라이트를 입력한 숫자 방향으로 바라보도록 한다. (오른쪽(90)/왼쪽(-90)/위(0)/아래(180))
마우스 포인터 ▾ 쪽 보기	스프라이트를 마우스 포인터 쪽으로 또는 지정한 다른 스프라이트 쪽으로 바라보도록 한다.
x 좌표를 10 만큼 바꾸기	스프라이트의 현재 x 좌푯값이 지정한 숫자만큼 증가 또는 감소한다.
x 좌표를 10 (으)로 정하기	스프라이트의 현재 x 좌푯값을 지정한 숫자로 다시 설정한다.
y 좌표를 10 만큼 바꾸기	스프라이트의 현재 y 좌푯값이 지정한 숫자만큼 증가 또는 감소한다.
y 좌표를 0 (으)로 정하기	스프라이트의 현재 y 좌푯값을 지정한 숫자로 다시 설정한다.
벽에 닿으면 튕기기	스프라이트가 이동하다가 벽에 닿으면 튕겨져 반대 방향으로 향하도록 한다.
회전 방식을 왼쪽-오른쪽 ▾ (으)로 정하기	스프라이트의 회전 방식을 지정한다. (왼쪽-오른쪽/회전하지 않기/ 회전하기)
○ x 좌표	스프라이트의 현재 x 좌표의 값을 기억한다.
○ y 좌표	스프라이트의 현재 y 좌표의 값을 기억한다.
○ 방향	스프라이트가 현재 바라보고 있는 방향(바라보고 있는 방향의 각도 값)을 기억한다.

2 형태(형태) 명령블록 팔레트

스프라이트의 모양과 관련된 명령블록들의 모음이다. 스프라이트의 말풍선 보이기, 숨기기, 색깔 바꾸기, 모양/배경 바꾸기 등에 관한 기능을 수행한다.

명령블록	기능 설명
안녕! 을(를) 2 초 동안 말하기	지정한 문자 내용을 지정한 시간 동안 스프라이트가 말하기를 말풍선 형태로 보여준다. 지정한 시간이 경과하면 말풍선은 사라진다.
안녕! 말하기	지정한 문자 내용을 말하기 말풍선 형태로 보여준다.
음... 을(를) 2 초 동안 생각하기	지정한 문자 내용을 지정한 시간 동안 생각하기 말풍선 형태로 보여준다.
음... 생각하기	지정한 문자 내용을 생각하기 말풍선 형태로 보여준다.

명령블록	기능 설명
모양을 모양1 ▼ (으)로 바꾸기	현재 스프라이트를 지정한 스프라이트 모양으로 변경한다.
다음 모양으로 바꾸기	현재 스프라이트의 모양을 다음 순서에 해당하는 스프라이트 모양으로 변경한다.
배경을 배경1 ▼ (으)로 바꾸기	현재의 무대 배경을 지정한 무대 배경으로 변경한다.
다음 배경으로 바꾸기	현재 무대 배경을 다음 무대 배경으로 변경한다.
크기를 10 만큼 바꾸기	스프라이트의 크기를 지정한 숫자만큼 변경한다.
크기를 100 %로 정하기	스프라이트를 지정한 숫자만큼 백분율(%) 크기로 설정한다.
색깔 ▼ 효과를 25 만큼 바꾸기	지정한 효과(색깔/어안렌즈/소용돌이/픽셀화/모자이크/밝기/투명도)를 지정한 숫자만큼 객체들(스프라이트, 무대 배경)의 그래픽 효과를 변경한다.
색깔 ▼ 효과를 0 (으)로 정하기	지정한 효과(색깔/어안렌즈/소용돌이/픽셀화/모자이크/밝기/반투명)를 지정한 숫자로 객체들의 그래픽 효과를 다시 설정한다.
그래픽 효과 지우기	스프라이트의 모든 그래픽 효과를 지워 준다.
보이기	스프라이트를 무대에 보이게 한다.
숨기기	스프라이트를 무대에 보이지 않게 한다.
맨 앞쪽 ▼ 으로 순서 바꾸기	해당 스프라이트의 위치를 다른 스프라이트들보다 앞으로 또는 뒤로 이동한다.
앞으로 ▼ 1 단계 보내기	해당 스프라이트를 지정한 숫자 단계만큼 다른 스프라이트들 앞으로 또는 뒤로 이동한다.
모양 번호 ▼	선택된 스프라이트의 현재 모양의 순서 번호 또는 이름을 기억한다.
배경 번호 ▼	현재 무대 배경의 순서 번호 또는 배경 이름을 기억한다.
크기	스프라이트의 크기 값을 기억한다.

3 소리( ) 명령블록 팔레트

소리 재생 및 전자악기(MIDI) 기능에 관련된 명령블록들의 모음이다. 전자악기는 타악기(리듬악기)와 가락악기(멜로디악기) 두 가지 종류가 있으며, 스프라이트가 가진 기본 소리 재생 또는 저장소에서 불러온 다른 소리를 사용할 수도 있다. 스프라이트들의 각종 소리 재생, 효과음 설정, 음량 설정 등에 관한 기능을 수행한다.

명령블록	기능 설명
야옹 ▼ 끝까지 재생하기	선택한 소리의 재생이 끝날 때까지 전부 재생한 후 다음에 있는 명령블록들을 실행한다.
야옹 ▼ 재생하기	스프라이트가 가지고 있는 소리 중 선택한 소리를 재생한다.

명령블록	기능 설명
모든 소리 끄기	모든 소리의 재생을 멈춘다.
음 높이 ▼ 효과를 10 만큼 바꾸기	소리의 음높이 또는 음향의 위치 왼쪽/오른쪽 효과 값을 지정한 숫자만큼 변경한다.
음 높이 ▼ 효과를 100 로 정하기	소리의 음높이 또는 음향의 위치 왼쪽/오른쪽 효과 값을 지정한 숫자 값으로 설정한다.
소리 효과 지우기	소리에 지정한 효과를 모두 지운다.
음량을 -10 만큼 바꾸기	소리의 음량을 지정한 숫자 값만큼 변경한다.
음량을 100 % 로 정하기	음량의 크기를 지정한 백분율(%) 값으로 설정한다.
음량	현재 음량(소리의 크기) 값을 기억한다.

4 이벤트( ) 명령블록 팔레트

프로그램의 실행 시작 아이콘(▶)을 클릭한 후 코딩한 명령블록들 실행 개시와 관련된 명령블록들의 모음이다. 주로 이벤트(마우스 클릭, 키보드 키 입력, 메시지 신호 수신)의 발생으로 실행 동작을 시작하는 기능을 수행한다.

명령블록	기능 설명
▶ 클릭했을 때	실행 시작 아이콘(▶) 클릭했을 때 다음 명령블록들의 실행을 시작한다.
스페이스 ▼ 키를 눌렀을 때	키보드의 키들 중에서 지정한 특정키를 눌렀을 때 다음 명령블록들의 실행을 시작한다.
이 스프라이트를 클릭했을 때	특정 스프라이트를 클릭했을 때 다음 명령블록들의 실행을 시작한다.
배경이 배경 1 ▼ (으)로 바뀌었을 때	선택한 배경으로 바뀌었을 때 다음 명령블록들의 실행을 시작한다.
음량 ▼ > 10 일 때	현재 음량 또는 타이머 동작의 값이 지정한 숫자보다 클 때 다음 명령블록들의 실행을 시작한다.
메시지1 ▼ 신호를 받았을 때	선택한 이름의 메시지 신호를 해당 스프라이트가 받았을 때 다음 명령블록들의 실행을 시작한다.
메시지1 ▼ 신호 보내기	선택한 이름의 메시지 신호를 스크래치 프로그램 전체로 보낸다.
메시지1 ▼ 신호 보내고 기다리기	선택한 이름의 메시지 신호를 받은 다른 모든 스프라이트에 속한 명령블록들이 실행을 끝낼 때까지 기다린 후 다음 명령블록의 실행을 시작한다.

5 제어( ) 명령블록 팔레트

명령블록들의 실행 순서 제어와 관련된 명령블록들의 모음이다. 반복 실행, 조건에 따라 실행 순서를 변경하는 선택 구조 실행 등에 관한 기능을 수행한다.

명령블록	기능 설명
1 초 기다리기	지정한 시간 동안 대기한 후 다음 명령블록을 실행한다.
10 번 반복하기	이 명령블록 내부에 있는 명령블록들을 지정한 숫자만큼만 반복 실행한다.
무한 반복하기	이 명령블록 내부에 있는 명령블록들을 무한 반복 실행한다.
만약 (이)라면	이 명령블록에서 지정한 조건이 '참'일 경우에만 이 명령블록 내부에 있는 명령블록들을 실행한다. 지정한 조건 '거짓'이면 이 명령블록 아래 명령블록들을 실행한다.
만약 (이)라면 아니면	이 명령블록에서 지정한 조건이 '참'일 경우에는 만약 ~ 이라면 바로 밑에 있는 빈칸에 코딩된 명령블록들을 실행하고, 지정한 조건이 '거짓'일 경우 아니면 바로 밑에 있는 빈칸에 코딩된 명령블록들을 실행한다.
까지 기다리기	조건이 '참'이 될 때까지 명령블록을 실행하지 않고 기다린다.
까지 반복하기	지정한 조건이 '거짓'인 동안만 이 명령블록 내부에 있는 명령블록들을 수행하고 지정한 조건이 '참'이 되면 이 명령블록의 다음 명령블록을 실행한다.
멈추기 모두 ▾	지정한 선택사항(모두/이 스크립트/스프라이트에 있는 다른 스크립트)들에 속한 명령블록들의 실행을 중지한다.
복제되었을 때	복제하기 명령블록으로 복제된 스프라이트일 때 이 명령블록 아래 명령블록들의 실행을 시작한다.
나 자신 ▾ 복제하기	선택사항(나 자신/다른 스프라이트 이름 지정)에 맞게 스프라이트의 복제를 실행한다.
이 복제본 삭제하기	복제되어 만들어진 모든 스프라이트를 삭제한다.

6 감지(감지) 명령블록 팔레트

어떤 상황이 참인지 거짓인지 또는 특정한 상황이 탐지되었는지를 확인하는 것과 관련된 명령블록들의 모음이다. 이 그룹의 명령블록들은 주로 제어나 연산 블록들과 조합하여 사용된다. 마우스 포인터에 닿았는가? 어떤 색에 닿았는가? 묻고 대답 기다리기 등에 관한 기능을 수행한다.

명령블록	기능 설명
마우스 포인터 ▼ 에 닿았는가?	스프라이트가 마우스 포인터 또는 다른 스프라이트에 닿았는가를 확인하여 참/거짓을 판단한다.
● 색에 닿았는가?	스프라이트가 지정한 색상에 닿았는가를 확인하여 참/거짓을 판단한다.
● 색이 ( ) 색에 닿았는가?	스프라이트가 가지고 있는 지정된 색상(첫 번째 색상)이 지정한 특정 색상(두 번째 색상)에 닿았는지를 확인하여 참/거짓을 판단한다.
마우스 포인터 ▼ 까지의 거리	스프라이트에서 마우스 포인터 또는 다른 스프라이트까지의 거리 값을 기억한다.
What's your name? 라고 묻고 기다리기	스프라이트가 지정한 메시지 내용을 말하고, 대답을 입력할 수 있는 입력 대화상자를 화면의 하단에 표시한다. 대화상자에 입력한 값은 대답 명령블록에 저장된다.
대답	What's your name? 라고 묻고 기다리기 명령블록의 실행에서 입력 대화상자에 입력한 값을 기억한다.
스페이스 ▼ 키를 눌렀는가?	키보드에서 지정한 특정 키가 눌러졌을 때 참으로 판단한다.
마우스를 클릭했는가?	마우스를 클릭했을 때 참으로 판단한다.
마우스의 x좌표	마우스 포인터의 x 좌푯값을 기억한다.
마우스의 y좌표	마우스 포인터의 y 좌푯값을 기억한다.
드래그 모드를 드래그할 수 있는 ▼ 상태로 정하기	드래그 모드를 드래그할 수 있는 또는 없는 상태로 지정한다.
음량	마이크로 입력되는 소리의 음량 크기의 값을 기억한다.
타이머	스크래치 프로그램을 시작한 이후 경과한 시간 및 타이머를 초기화한 시점부터 경과한 시간 값을 기억한다.
타이머 초기화	타이머를 다시 시작하도록 초기화한다.
무대 ▼ 의 배경번호 ▼	무대에 대한 배경 번호/배경 이름/음량/나의 변수 또는 스프라이트에 대한 x 좌표/y 좌표/방향/모양 번호/모양 이름/크기/음량 중에서 선택한 값을 기억한다.
현재 년 ▼	현재 날짜의 년/월/일/요일/시/분/초를 기억한다.
2000년 이후 현재까지 날짜 수	2000년 이후의 현재까지 날짜 수를 기억한다.
사용자 이름	온라인에서 스크래치 프로그램에 로그인해서 사용할 경우 사용자의 ID를 기억한다.

7 연산(연산) 명령블록 팔레트

사칙 연산, 난수(임의의 수) 계산, 관계 연산, 논리 연산 등의 연산자와 관련된 명령블록들의 모음이다. 여기에 속한 명령블록들은 필요에 따라 동일한 명령블록들끼리 또는 다른 명령블록과 여러 개를 결합하여 사용할 수도 있다. 더하기, 빼기, 곱하기, 나누기, 난수 계산, 숫자의 크기 비교, 문자열 결합, 반올림 값 계산, 수학적인 함숫값 계산 등에 관한 기능을 수행한다.

명령블록	기능 설명
◯ + ◯	지정한 숫자 데이터 2개에 대한 덧셈 연산을 한다.
◯ - ◯	지정한 숫자 데이터 2개에 대한 뺄셈 연산을 한다.
◯ × ◯	지정한 숫자 데이터 2개에 대한 곱셈 연산을 한다.
◯ ÷ ◯	지정한 숫자 데이터 2개에 대한 나눗셈 연산을 한다.
1 부터 10 사이의 난수	첫 번째 지정한 숫자와 두 번째 지정한 숫자 사이의 난수를 계산한다.
◯ > 50	지정한 두 개의 숫자를 비교하여 첫 번째 숫자 데이터가 두 번째 숫자 데이터보다 크면 결과를 참으로 아니면 거짓으로 판단하는 관계 연산자이다.
◯ < 50	지정한 두 개의 숫자를 비교하여 첫 번째 숫자 데이터가 두 번째 숫자 데이터보다 작으면 결과를 참으로 아니면 거짓으로 판단하는 관계 연산자이다.
◯ = 50	지정한 두 개의 숫자를 비교하여 두 개의 숫자가 모두 같으면 결과를 참으로 아니면 거짓으로 판단하는 관계 연산자이다.
그리고	2개 이상의 관계 연산자를 지정할 때 사용하며 지정한 관계 연산자의 결과가 모두 참일 때만 전체 연산 결과를 참으로 판단하는 논리 연산자이다.
또는	2개 이상의 관계 연산자를 지정할 때 사용하며 지정한 관계 연산자의 결과 중에서 1개 이상만 참이면 전체 연산 결과를 참으로 판단하는 논리 연산자이다.
이(가) 아니다	지정한 관계 연산자의 결과가 참이면 거짓으로 거짓이면 참으로 판단하는 논리 연산자이다.
apple 와(과) banana 결합하기	두 개 이상의 데이터들을 결합하는 연산자이다. (문자와 문자의 결합, 숫자와 문자의 결합, 숫자와 숫자의 결합이 가능)
apple 의 1 번째 글자	지정한 문자열로부터 지정한 숫자 위치에 해당하는 특정한 문자 1개를 추출해 주는 연산자다.
apple 의 길이	지정한 문자열의 길이를 구하는 연산자이다.
apple 이(가) a 을(를) 포함하는가?	첫 번째 칸에 지정한 문자열이 두 번째 칸에 지정한 문자열을 포함하고 있으면 참(True)를 아니면 거짓(False) 값을 반환한다.
◯ 나누기 ◯ 의 나머지	지정한 첫 번째 숫자를 두 번째 숫자로 나누었을 때 나머지를 구해주는 연산자이다.
◯ 의 반올림	지정한 값에 가장 가까운 정수로 반올림을 해주는 연산자이다.
절댓값 ▼ (◯)	지정한 숫자에 대한 다양한 수학적인 함숫값을 구하는 연산자이다. (※함수의 종류: 절댓값, 버림, 올림, 제곱근, sin, cos, tan, asin, acos, atan, ln, log, e^, 10^)

8 변수(변수) 명령블록 팔레트

변수나 리스트(배열과 유사함)를 만들거나 그 값을 지정하는 것과 관련된 명령블록들의 모음이다. 변수는 데이터 값을 저장하기 위한 기억 장소 이름을 말하며, 변수는 한 개의 데이터를 저장하기 위해 사용되고, 리스트는 같은 종류의 데이터를 여러 개 저장하기 위해 사용되는 기억장소 이름을 말한다. 변수나 리스트 만들기, 변수의 데이터 값 지정하기, 변수의 데이터 값 바꾸기, 변수 보이기, 변수 숨기기, 리스트에 목록 추가 또는 삭제 등에 관한 기능을 수행한다.

명령블록	기능 설명
변수 만들기	새로운 변수를 생성한다. 변수를 1개 이상 새로 생성하면 해당 변수 명령블록들이 나타난다.
나의 변수	시스템에서 기본으로 만들어 준 예제 변수이다.
나이	변수 만들기 명령으로 사용자가 새로 만든 '나이' 변수이다.
나의 변수 을(를) 0 로 정하기	특정 변수(여기서는 '나의 변수')에 특정 값을 지정한다. (기본값 0)
나의 변수 을(를) 1 만큼 바꾸기	특정 변수(여기서는 '나의 변수')의 현재 값을 지정한 숫자만큼 증가한다.(기본값 1)
나의 변수 변수 보이기	특정 변수(여기서는 '나의 변수')를 무대에서 보이게 한다.
나의 변수 변수 숨기기	특정 변수(여기서는 '나의 변수')를 무대에서 보이지 않게 한다.
리스트 만들기	새로운 리스트를 생성한다. 리스트를 1개 이상 생성하면 리스트와 관련된 명령블록들이 나타난다.
점수목록	리스트 만들기 명령으로 사용자가 새로 만든 '점수목록' 리스트이다.
항목 을(를) 점수목록 에 추가하기	지정한 문자열을 특정 리스트(여기서는 '점수목록')에 데이터 목록 값으로 추가한다.
1 번째 항목을 점수목록 에서 삭제하기	지정한 숫자의 위치에 해당하는 데이터 목록 값을 지정한 리스트에서 삭제한다.
점수목록 의 항목을 모두 삭제하기	지정한 리스트의 모든 항목들을 삭제한다.
항목 을(를) 점수목록 리스트의 1 번째에 넣기	지정한 리스트의 지정한 숫자 번째 해당 위치에 지정한 데이터 값을 추가한다. (현재의 데이터 값은 뒤로 밀려 남)
점수목록 리스트의 1 번째 항목을 항목 으로 바꾸기	지정한 리스트에서 지정한 숫자 위치에 해당하는 데이터 목록 값을 지정한 문자열로 변경한다.
점수목록 리스트의 1 번째 항목	지정한 리스트의 지정한 숫자 위치에 해당하는 데이터 목록 값을 기억한다.
점수목록 의 길이	지정한 리스트의 데이터 항목의 개수를 기억한다.
점수목록 이(가) 항목 을(를) 포함하는가?	지정한 리스트에 저장된 항목으로 지정한 문자열이 포함되어 있으면 true 아니면 false를 반환한다.
점수목록 리스트 보이기	리스트를 무대에서 보이게 한다.
점수목록 리스트 숨기기	리스트를 무대에서 보이지 않게 한다.

9 나만의 블록(나만의 블록) 명령블록 팔레트

사용자가 필요한 명령블록들을 자신에게 맞게 직접 만들어서 사용할 수 있는 기능을 제공한다.

명령블록	기능 설명
블록 만들기	새로운 명령블록을 사용자가 직접 생성하여 사용할 수 있다.

10 펜(펜) 명령블록 팔레트

팔레트 영역의 아래쪽에 있는 확장 기능 추가하기 아이콘( )을 클릭하여 확장 기능 고르기 창이 나타나면 여기서 펜을 클릭하여 추가한다.

명령블록	기능 설명
모두 지우기	무대 영역에 그려진 모든 그림을 지우기 한다.
도장찍기	스프라이트 모양을 도장을 찍는 것처럼 복사를 한다.
펜 내리기	그림을 그리기 위해 펜을 내리기 한다.
펜 올리기	그림이 더 이상 그려지지 않게 펜을 올리기 한다.
펜 색깔을 ● (으)로 정하기	펜의 색깔을 특정 색상으로 지정한다.
펜 색깔 ▼ 을(를) 10 만큼 바꾸기	펜의 색깔/채도/명도/투명도를 지정한 값만큼 증가 또는 감소한다.
펜 색깔 ▼ 을(를) 50 (으)로 정하기	펜의 색깔/채도/명도/투명도를 지정한 값으로 설정한다.
펜 굵기를 1 만큼 바꾸기	펜의 굵기를 지정한 값만큼 증가 또는 감소한다.
펜 굵기를 1 (으)로 정하기	펜의 굵기를 지정한 값으로 설정한다.

현재 선택된 스프라이트의 모양이나 색상을 변경하거나 기존의 스프라이트를 삭제, 수정, 새 스프라이트 추가, 스프라이트의 순서 변경 또는 무대 배경의 색상 변경 등의 다양한 편집 작업을 할 수 있다. 사용법은 윈도즈 그림판과 매우 유사하다.

현재 선택된 스프라이트의 소리와 관련된 작업 또는 저장소에 저장된 소리 파일을 새로 가져오기, 새로운 소리 기록, 소리 파일 업로드하기 및 소리 파일 편집 등과 관련된 기능들을 수행하며, 되돌리기, 재시도, 복사, 붙여넣기, 복사하여 붙여넣기, 삭제를 할 수 있다. 소리 효과와 관련된 기능들로는 실행, 빠르게, 느리게, 크게, 작게, 음 소거, 페이드 인, 페이드 아웃, 뒤집기, 로봇 등의 설정 작업을 할 수 있다.

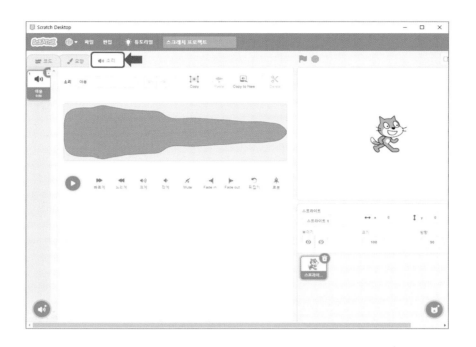

새로운 소리 추가를 원한다면 소리 고르기(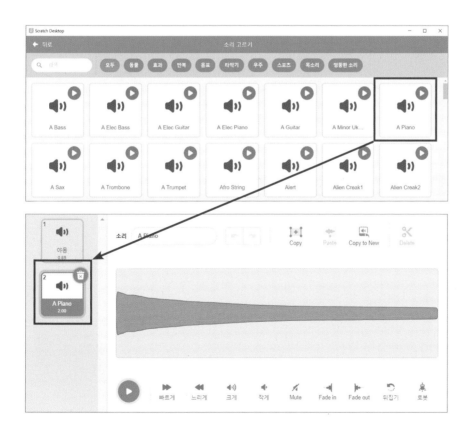) 아이콘을 선택하면 소리 고리기 창이 표시된다. 소리도 9개의 유형별로 분류되어 있다. 따라서 새로 추가하기를 원하는 소리를 클릭하면 새로운 소리가 추가되는 것을 확인할 수 있다.

CHAPTER 04 스크립트 영역의 구성 요소들

이 영역은 [코드] 탭에 있는 각종 명령블록들 중에서 필요한 명령블록을 드래그하여 이 영역으로 가져온 다음 명령블록들을 조립한다. 즉 실제 프로그램의 코딩 작업이 이루어지는 영역이다.

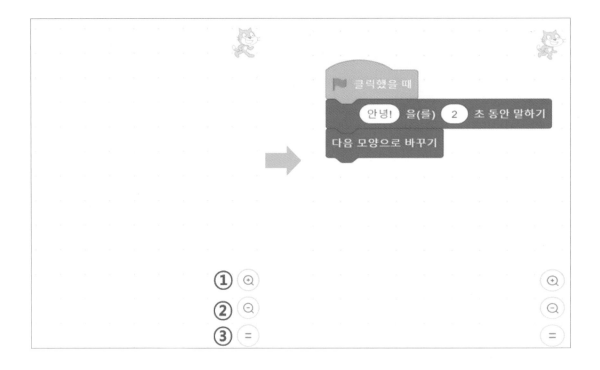

① 명령블록 크기 확대: 스크립트 영역에 사용된 명령블록의 크기를 확대한다.

② 명령블록 크기 축소: 스크립트 영역에 사용된 명령블록의 크기를 축소한다.

③ 명령블록 크기 원래 크기로 환원: 스크립트 영역에 사용된 명령블록의 크기를 원래 크기로 환원한다.

> Tip 참조
>
> 마우스 오른쪽 버튼 사용법: 특정 명령블록 위에 마우스 포인터를 위치한 후 마우스 오른쪽 버튼을 클릭하면 명령블록 복사하기, 주석 넣기, 블록 삭제하기 등의 기능을 사용할 수 있다.

 무대 영역(실행 화면)의 구성 요소들

이 영역은 스크래치로 작성된 프로그램을 실행했을 때 스프라이트가 주어진 명령에 따라 실행되는 결과를 보여주는 창이다.

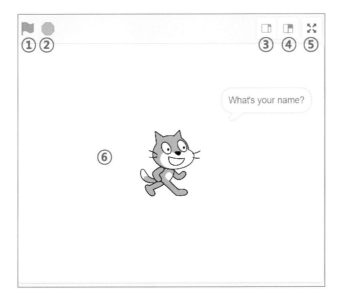

① 시작 (🏳): 코딩한 명령블록의 실행을 시작하도록 하여 스프라이트들이 무대에서 움직이도록 한다. 즉 프로그램의 실행 기능을 수행하는 명령어이다.

② 정지(⬤): 실행 중인 프로그램의 실행을 중단하도록 하는 실행 중지 기능을 수행하는 명령어이다.

③ 축소(▢): 무대(실행 화면)의 크기를 작게 축소하는 기능을 수행한다.

④ 원래 크기(▢): 무대(실행 화면)의 크기를 원래 크기대로 환원하는 기능을 수행한다.

⑤ 전체 화면 확대(⛶): 무대(실행 화면)를 전체 화면으로 확대하는 기능을 수행한다.

⑥ 무대(실행화면): 실행을 하였을 때 구성된 배경 화면이나 스프라이트에 지정된 명령블록에 따라 실제로 스프라이트들이 움직이는 것을 보여주는 영역이다.

> ### Tip 참조
>
> 마우스 오른쪽 버튼 사용법: 스프라이트 영역에서 특정 스프라이트 위에 마우스 포인터를 위치한 후
> 마우스 오른쪽 버튼을 클릭하면 복사, 내보내기, 삭제 등의 기능을 사용할 수 있다.

스프라이트 영역의 구성 요소들

이 영역은 선택된 스프라이트의 위치, 크기, 방향, 이름 등의 정보를 보여주며, 사용자가 그 값을 직접 수정하는 것도 가능하다.

① 선택된 스프라이트의 이름을 나타낸다. 직접 스프라이트의 이름 수정이 가능하다.

② 선택된 스프라이트의 x 좌푯값을 나타낸다. 직접 수정이 가능하다.

③ 선택된 스프라이트의 y 좌푯값을 나타낸다. 직접 수정이 가능하다.

④ 선택된 스프라이트를 보이기/숨기기를 할 수 있다.

⑤ 선택된 스프라이트의 크기를 나타낸다. 직접 수정이 가능하다.

⑥ 선택된 스프라이트가 바라보는 방향을 나타낸다. 직접 수정이 가능하다.

⑦ 선택된 스프라이트를 삭제한다.

⑧ 새 스프라이트를 무대에 추가할 수 있다. 이 아이콘은 숨겨진 선택사항으로 스프라이트 고르기, 그리기, 서프라이즈, 스프라이트 업로드하기 등을 포함하고 있다.

여기서 새로운 스프라이트를 추가하기 위해 스프라이트 고르기 아이콘( )을 선택하면 스크래치에서 제공하는 스프라이트들이 모여 있는 스프라이트 고르기 창이 다음과 같이 표시된다. 여기서 필요한 스프라이트를 가져와 사용할 수 있다.

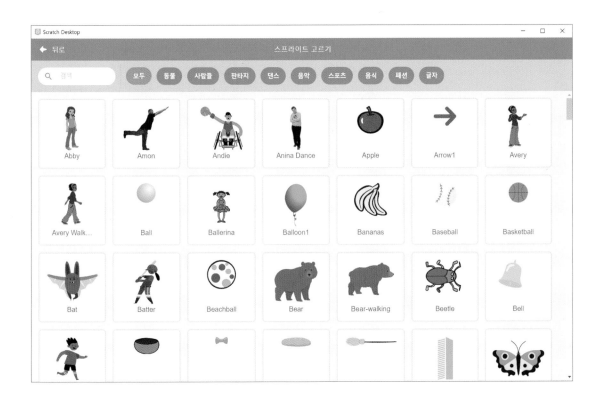

스크래치에서 기본 제공되는 스프라이트들은 주제별, 종류별로 분류가 되어 있다. 분류 목록은 10개이며 기본적으로 전체 스프라이트를 보여주는 [모두]가 선택된 상태로 나타난다. 만약 추가하기를 원하는 스프라이트가 있다면 스프라이트의 종류를 선택하면 종류별 스프라이트가 표시되고 필요한 것을 클릭하면 무대 영역에 새로운 스프라이트가 추가된다.

무대 배경 영역의 구성 요소들

이 영역은 무대 배경과 관련된 작업들을 수행하는 데 필요한 기능들을 포함하는 영역이다. 기본 무대 배경은 흰색으로 되어 있다.

① 무대 배경을 새롭게 선택하여 추가할 수 있다. 여기에는 숨겨진 선택사항으로 배경 고르기, 그리기, 서프라이즈, 배경 업로드하기 등을 포함하고 있다.

여기서 새로운 배경 추가를 원한다면 배경 고르기( ) 아이콘을 선택하면 배경 고르기 창이 표시된다. 여기서 배경으로 사용할 그림을 클릭하면 새로운 배경이 추가된다.

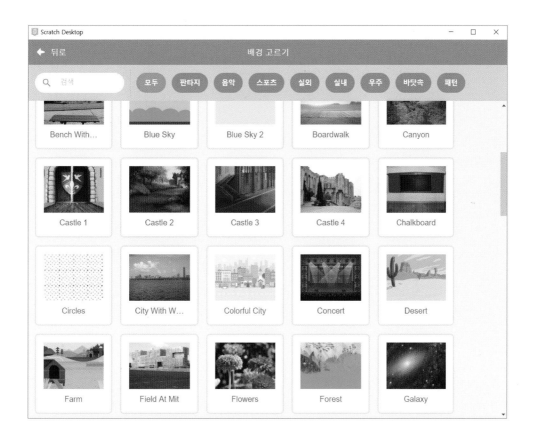

스크래치에서 제공하는 무대 배경들은 주제별, 종류별로 분류가 되어 있다. 분류 목록은 9개이고 기본적으로 전체 무대 배경을 보여주는 [모두]가 선택된 상태로 나타난다. 만약 추가하기를 원하는 배경이 있다면 원하는 종류를 선택하여 종류별로 배경이 표시되면 필요한 것을 클릭하면 새로운 무대 배경이 추가된다.

SCRATCH

PART IV

핵심 출제문제
유형 익히기

1. 문제 해결을 위한 문제 유형들 살펴보기

2. 알고리즘 설계에 관한 문제 유형들 살펴보기

3. 기본 프로그램 코딩에 관한 문제 유형들
   살펴보기

CHAPTER 01 문제 해결을 위한 문제 유형들 살펴보기

컴퓨터적인 사고력의 관점에서 문제를 해결하기 위해 자료 분류, 추상화, 분해, 패턴 찾기 등의 개념을 활용하여 문제를 분석하고 이것을 해결할 수 있다.

1.1 문제 해결에 관한 문제 유형 학습하기

자료 분류의 개념을 이해하고 자료 분류의 규칙에 따라 일상생활에서 자료 분류의 개념을 적용하여 문제를 해결하는 방법들에 대하여 학습을 한다.

1 자료 분류 개념을 적용하는 문제 유형들

자료 분류는 여러 가지 자료들을 몇 가지 공통된 특징들로 분류하여 작은 그룹으로 나누는 것을 말한다. 일상생활에서 자료 분류의 개념을 활용하여 주어진 문제를 해결하는 경우를 예제를 통하여 알아보기로 하자.

◆ 연습문제 1

승아는 이번 방학 동안 친구 은주와 함께 주중에 한 번은 만나서 1시간 동안 함께 놀려고 한다. 아래에 있는 승아와 은주의 주간 일과표를 참고하여 빈칸에 답하시오.

▶ 승아의 주간 일과표 ◀

구분	시간	월	화	수	목	금
오후 (PM)	1:00-2:00	단과학원	심부름	피아노	발레	봉사 활동
	2:00-3:00	바이올린	태권도			
	3:00-4:00			오카리나		
	4:00-5:00	강아지 산책	숙제하기			
	5:00-6:00	숙제하기		과학교실	첼로	

▶은주의 주간 일과표◀

구분	시간	월	화	수	목	금
오후 (PM)	1:00-2:00	종이접기	단과학원	멘토링	태권도	주말 농장 체험
	2:00-3:00					
	3:00-4:00	피아노	피아노	오카리나		
	4:00-5:00	심부름	줄넘기	영어학원	미술	
	5:00-6:00			숙제		

문제 승아는 매주 (①)요일에 (②)시에 친구 은주와 함께 놀 수 있다.

해 답 풀 이	
질문 유형	자료 분류 개념에 대한 이해도를 물어보는 문제
풀 이	승아의 목요일 일정은 발레 강습이 오후 2시 30분에 끝나고 다음 일정인 첼로 레슨은 오후 4시 30분에 시작된다. 은주의 목요일 일정은 태권도 수업이 오후 3시에 끝나고 다음 일정인 미술 수업이 오후 4시부터 시작된다. 따라서 두 사람 모두의 일과가 겹치지 않는 시간은 목요일 오후 3시부터 4시까지이다.
▣ 정답	(① 목)　　(② 3:00)

◆ 연습문제 2

은별이는 빨강, 파랑, 초록, 노랑 4가지 색상 중에서 반 친구들이 가장 좋아하는 색상에 대하여 조사를 하였다. 조사 결과에 대한 표를 보고 문제에 답하시오.

〈조사 결과표〉

이름	좋아하는 색상	이름	좋아하는 색상	이름	좋아하는 색상
이현지	빨강	이나리	초록	박수정	파랑
우사랑	노랑	현수정	파랑	김혁	파랑
나영진	파랑	양민경	빨강	이찬영	초록
송수지	파랑	김세영	빨강	박민수	파랑
민해원	초록	이지영	노랑	오민호	초록

문제 은별이가 조사한 결과를 정리한 통계표이다. 위의 〈조사 결과표〉를 참조하여 괄호를 채우시오.

좋아 하는 색상	응답 인원수
빨 강	(3)명
파 랑	(①)명
초 록	(②)명
노 랑	(2)명

해 답 풀 이	
질문 유형	자료 분류 개념에 대한 이해도를 물어보는 문제
풀 이	은별이가 조사한 결과를 이용하여 친구들이 좋아하는 색상들을 같은 색상별로 개수를 세어 정리하면 빨강을 좋아하는 친구는 3명(이현지, 양민경, 김세영), 파랑색을 좋아하는 친구 6명(나영진, 송수지, 현수정, 박수정, 김혁, 박민수), 초록색을 좋아하는 친구 4명(민해원, 이나리, 이찬영, 오민호), 노랑색을 좋아하는 친구 2명(우사랑, 이지영)이다.
▣ 정답	(① 6) (② 4)

2 사고력 추상화 개념을 적용한 문제 유형들

추상화의 개념과 규칙을 적용하여 일상생활에서 주어진 문제를 해결하는 과정을 몇 가지 예제를 통하여 알아보기로 하자.

◆ 연습문제 1

아래의 〈보기〉에서 좌우 대칭일 때 들어가는 내용에 대하여 문제에 답하시오.

〈보 기〉

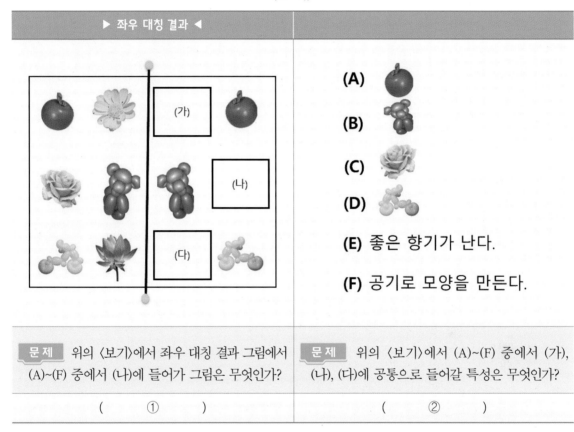

질 문 유 형	사고력 추상화 개념에 대한 이해도를 물어보는 문제
풀 이	좌우 대칭 결과를 보면 (가)에 들어갈 그림은 국화꽃, (나)에 들어갈 그림은 장미꽃, (다)에 들어갈 그림은 연꽃이다. 이 꽃들은 모두 좋은 향기가 난다.
▣ 정답	(① C) (② E)

◆ 연습문제 2

지훈이는 식물을 매우 좋아하고 식물에 대한 사진을 직접 휴대전화로 촬영하는 것을 좋아한다. 식물도감을 보면서 지훈이는 자신이 찍은 사진을 정리하고 있다. 〈보기〉를 참고하여 괄호를 채워서 완성하시오.

〈보 기〉

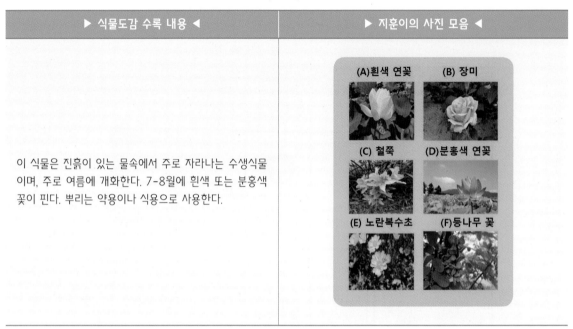

▶ 식물도감 수록 내용 ◀	▶ 지훈이의 사진 모음 ◀
이 식물은 진흙이 있는 물속에서 주로 자라나는 수생식물이며, 주로 여름에 개화한다. 7-8월에 흰색 또는 분홍색 꽃이 핀다. 뿌리는 약용이나 식용으로 사용한다.	(A)흰색 연꽃 (B) 장미 (C) 철쭉 (D)분홍색 연꽃 (E) 노란복수초 (F)등나무 꽃

문제 식물도감에 수록된 내용을 보았을 때 (A)~(F) 중, 설명하고 있는 식물은 (①   )과 (②   ) 식물에 대한 특징을 설명을 하고 있는 것이다.

해 답 풀 이	
질문 유형	사고력 추상화 개념에 대한 이해도를 물어보는 문제
풀 이	지훈가 찍은 사진의 식물들은 (A) 흰색 연꽃, (B) 장미, (C) 철쭉, (D) 분홍색 연꽃, (E) 노란 복수초, (F) 등나무 꽃이다. 뿌리가 식용이나 약용으로 사용되는 식물은 연꽃뿐이다. 따라서 여름에 개화하고 약용이나 식용으로 가능한 식물은 흰색 연꽃과 분홍색 연꽃이다.
▣ 정답	(① A) (② D)

③ 패턴 찾기 개념을 적용한 문제 유형들

몇 가지 모양들이 일정한 순서로 반복되어 사용되는 과정을 패턴이라 한다. 일상생활에서 패턴 찾기의 개념을 적용하여 주어진 문제를 해결하는 과정을 몇 가지 예제를 통하여 알아보기로 하자.

◆ 연습문제 1

혜성이는 도형 모양을 이용하여 포장지 디자인 만들고 있다. 〈보기〉 참고하여 괄호를 채워서 완성하시오.

〈보 기〉

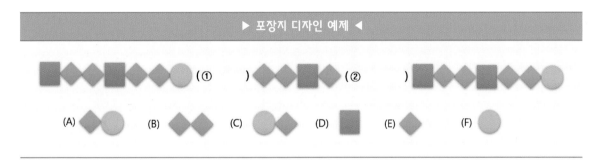

해 답 풀 이	
질문 유형	패턴 찾기의 개념에 대한 이해도를 물어보는 문제
풀 이	혜성이의 포장지 디자인 패턴의 1세트는 사각형 모양 1개, 다이아몬드 모양 2개, 사각형 모양 1개, 다이아몬드 모양 2개, 원 모양 1개 순서로 구성되어 있다.
■ 정답	(① D) (② A)

문제 혜성이는 자신의 포장지를 디자인하는데 일정한 패턴으로 도형을 계속 사용하고 있음을 알았다.
(①)과 (②)에 들어갈 도형 모양을 위의 보기 (A)~(F) 중에서 필요한 패턴을 고르시오.

◆ 연습문제 2

우진이는 여자 친구 연주에게 팔찌를 직접 만들어 선물하려고 한다. 〈보기〉를 참고하여 괄호를 채워서
완성하시오.

〈보기〉

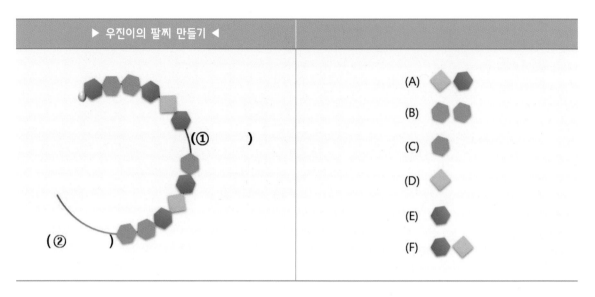

<table>
<tr><td colspan="2">▶ 우진이의 팔찌 만들기 ◀</td></tr>
</table>

문제   우진이가 팔찌를 만들고 있는 과정을 살펴보면 시계 방향으로 보석이 점차 증가하도록 하고 있다.
3세트의 패턴으로 팔찌를 만드는 과정에서 (①)과 (②)에 들어가야 할 보석을 위의 보기
(A)~(F) 중에서 순서대로 고르시오.

해 답 풀 이	
질문유형	패턴 찾기 개념에 대한 이해도를 물어보는 문제
풀 이	우진이가 만들고 있는 팔찌의 보석 패턴의 1세트는 파란색 육각형 보석 1개, 분홍색 육각형 보석 2개, 파란색 육각형 보석 1개, 노란색 다이아몬드 보석 1개 순서로 반복하면서 만드는 구조로 되어 있다.
▣ 정답	(① C) (② F)

CHAPTER 02 알고리즘 설계에 관한 문제 유형들 살펴보기

컴퓨터적인 사고의 관점에서 분석한 주어진 문제들에 대한 해결 과정을 알고리즘의 표현 방법 중 하나에 해당하는 순서도를 이용하여 표현하는 방법을 알아본다.

2.1 알고리즘 설계에 관한 문제 유형 학습하기

알고리즘을 설계하는 주요 방식으로 순차 구조, 선택 구조, 반복 구조가 있다.

1 순차 구조 알고리즘 설계 방식을 적용한 문제 유형들

일상생활에서 주어진 문제를 순차 구조를 적용하여 해결하는 과정을 순서도를 이용하여 표현하는 방법을 몇 가지 예제들을 통하여 알아보기로 하자.

◆ 연습문제 1

현호는 손수건을 손빨래를 하려고 한다. 〈보기〉를 참고하여 문제의 괄호를 채워서 완성하시오.

〈보 기〉

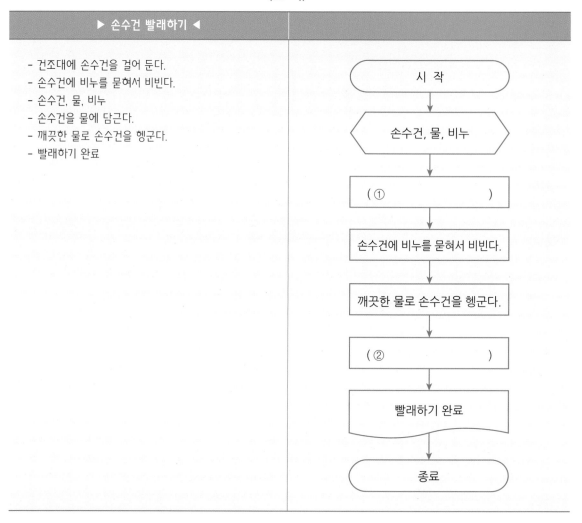

▶ 손수건 빨래하기 ◀	
- 건조대에 손수건을 걸어 둔다. - 손수건에 비누를 묻혀서 비빈다. - 손수건, 물, 비누 - 손수건을 물에 담근다. - 깨끗한 물로 손수건을 헹군다. - 빨래하기 완료	시 작 ↓ 손수건, 물, 비누 ↓ (①) ↓ 손수건에 비누를 묻혀서 비빈다. ↓ 깨끗한 물로 손수건을 헹군다. ↓ (②) ↓ 빨래하기 완료 ↓ 종료

해 답 풀 이	
질문 유형	순차 구조 알고리즘의 개념에 대한 이해도를 물어보는 문제
풀 이	현호가 손수건을 빨기 위해 해야 하는 동작 순서는 다음과 같다. ① 손수건, 물, 비누 → ② 손수건을 물에 담근다. → ③ 손수건에 비누를 묻혀서 비빈다. → ④ 깨끗한 물로 손수건을 헹군다. → ⑤ 건조대에 손수건을 걸어둔다. → ⑥ 빨래하기 완료
▣ 정답	(① 손수건을 물에 담근다.) (② 건조대에 손수건을 걸어둔다.)

◆ 연습문제 2

현준이는 엄마가 외출하신 동안 컵라면을 끓여 먹으려고 한다. 〈보기〉를 참고하여 문제의 괄호를 채워서 완성하시오.

〈보 기〉

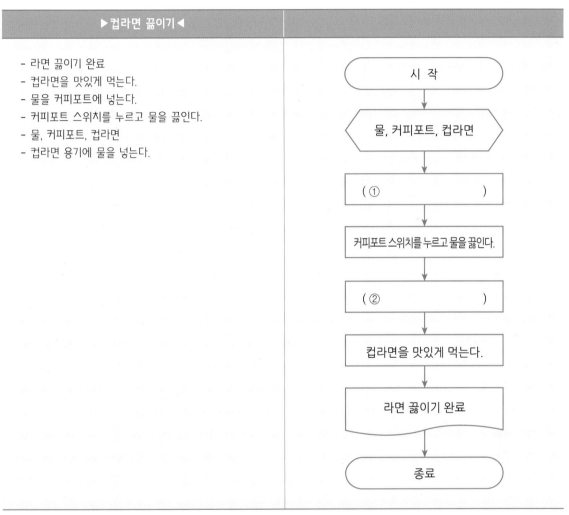

▶컵라면 끓이기◀	
- 라면 끓이기 완료 - 컵라면을 맛있게 먹는다. - 물을 커피포트에 넣는다. - 커피포트 스위치를 누르고 물을 끓인다. - 물, 커피포트, 컵라면 - 컵라면 용기에 물을 넣는다.	시 작 ↓ 물, 커피포트, 컵라면 ↓ (①) ↓ 커피포트 스위치를 누르고 물을 끓인다. ↓ (②) ↓ 컵라면을 맛있게 먹는다. ↓ 라면 끓이기 완료 ↓ 종료

해 답 풀 이	
질문 유형	순차 구조 알고리즘의 개념에 대한 이해도를 물어보는 문제
풀 이	현준이가 컵라면을 끓이기 위해 해야 하는 동작 순서는 다음과 같다. ① 물, 커피포트, 컵라면 → ② 물을 커피포트에 넣는다. → ③ 커피포트 스위치를 누르고 물을 끓인다. → ④ 컵라면 용기에 물을 넣는다. → ⑤컵 라면을 맛있게 먹는다. → ⑥ 라면 끓이기 완료
■ 정답	(① 물을 커피포트에 넣는다.) (② 컵라면 용기에 물을 넣는다.)

2 선택 구조 알고리즘 설계 방식을 적용한 문제 유형들

일상생활에서 주어진 문제를 선택 구조를 적용하여 해결하는 과정을 순서도로 표현하는 방법에 대하여 몇 가지 예제들을 통하여 알아보기로 하자.

◆ 연습문제 1

은재는 음료수 자판기에서 콜라를 사려고 한다. 〈보기〉를 참고하여 문제의 괄호를 채워서 완성하시오.

〈보 기〉

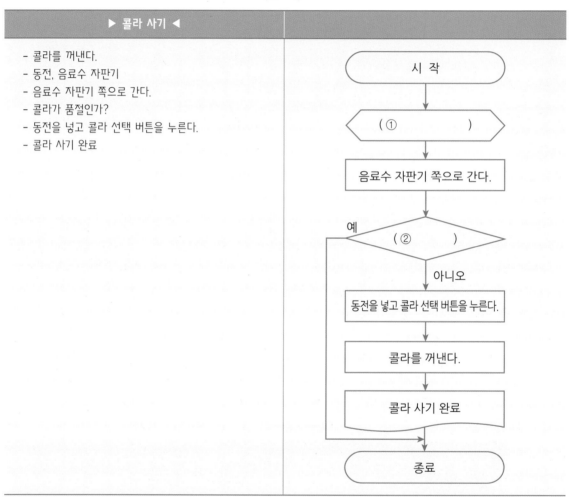

해 답 풀 이	
질문 유형	선택 구조 알고리즘의 개념에 대한 이해도를 물어보는 문제
풀 이	은재가 콜라를 사기 위해 해야만 하는 동작 순서는 다음과 같다. ① 동전, 음료수 자판기 → ② 음료수 자판기 쪽으로 간다. → ③ '콜라가 품절인가?'를 확인을 하여, 만약 콜라가 품절이 아니라면 ④번 동작으로 진행하고, 콜라가 품절이라면 콜라 사기를 종료한다. → ④ 동전을 넣고 콜라 선택 버튼을 누른다. → ⑤ 콜라를 꺼낸다. → ⑥ 콜라 사기 완료
▣ 정답	(① 동전, 음료수 자판기)　　(② 콜라가 품절인가?)

◆ 연습문제 2

영웅이는 야구를 하기 위해 필요한 인원수를 모으기 위해 친구들에게 전화를 걸고 있다. 〈보기〉를 참고하여 괄호를 채워서 완성하시오.

〈보 기〉

▶ 야구하기에 필요한 인원 모으기 ◀	
※ 야구에 필요한 인원수: 9명 - 친구를 선택한 후 전화 걸기 - 친구에게 야구를 할 것인지 물어보기 - 친구가 하겠다고 하는가? - 야구 인원수 모으기 종료 - 9명이 되었는가? - 휴대전화, 친구들 전화번호 - 인원수 계산하기	시 작 ↓ 휴대전화, 친구들 전화번호 ↓ 친구를 선택한 후 전화 걸기 ↓ (①) ↓ 친구가 하겠다고 하는가? → (②) ↓ 예 인원수 계산하기 ↓ 9명이 되었는가? → (②) ↓ 예 야구 인원수 모으기 종료 ↓ 종료

해 답 풀 이	
질문 유형	선택 구조 알고리즘의 개념에 대한 이해도를 물어보는 문제
풀 이	영웅이가 야구를 하기 위해 필요한 인원수를 모두 모으기 위해 해야 하는 동작 순서는 다음과 같다. ① 휴대전화, 친구들 전화번호 → ② 친구를 선택한 후 전화 걸기 → ③ 친구에 야구를 할 것인지 물어보기 → ④ '친구가 하겠다고 하는가?'를 확인하여 만약 하겠다고 하면 ⑤번 동작으로 진행하고, 만약 하지 않겠다고 하면 ②번 동작으로 진행한다. → ⑤ 인원수 계산하기 → ⑥ '9명이 되었는가?'를 확인하여 만약 9명이 되었다면 ⑦번 동작으로 진행하고, 만약 아직 9명이 되지 않았다면 ②번 동작으로 진행한다. → ⑦ 야구 인원수 모으기 종료
▣ 정답	(① 친구에게 야구를 할 것인지 물어보기)　　(② 아니오)

3 반복 구조 알고리즘 설계 방식을 적용한 문제 유형들

일상생활에서 주어진 문제를 반복 구조를 적용하여 해결하는 과정을 순서도로 표현하는 방법에 대하여 몇 가지 예제들을 통하여 알아보기로 하자.

◆ 연습문제 1

빛나는 학교 숙제로 10장의 색종이에 각각 하나씩 있는 동물 모양을 가위로 잘라서 도화지에 모두 붙이려고 한다. 〈보기〉를 참고하여 괄호를 채워서 완성하시오.

〈보 기〉

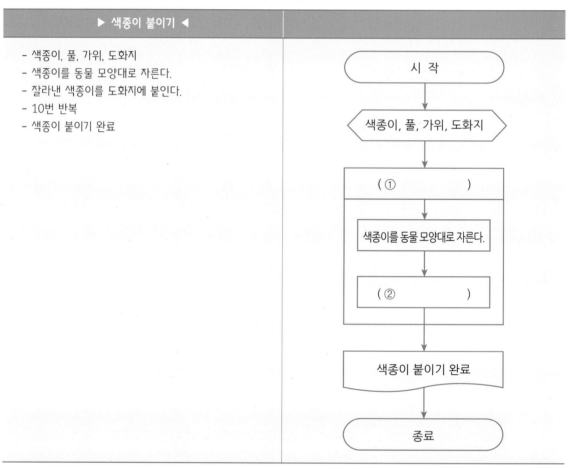

▶ 색종이 붙이기 ◀	
- 색종이, 풀, 가위, 도화지 - 색종이를 동물 모양대로 자른다. - 잘라낸 색종이를 도화지에 붙인다. - 10번 반복 - 색종이 붙이기 완료	

해 답 풀 이	
질문 유형	반복 구조 알고리즘의 개념에 대한 이해도를 물어보는 문제
풀 이	빛나가 동물 모양 색종이 10장을 모두 잘라서 도화지에 붙이기 위해 해야 하는 동작 순서는 다음과 같다. ① 색종이, 풀, 가위, 도화지 → ② 동작 ③~④번을 10번 반복 수행한다. → ③ 색종이를 동물 모양대로 자른다. → ④ 잘라낸 색종이를 도화지에 붙인다. → ⑤ 색종이 붙이기 완료
■ 정답	(① 10번 반복)　(② 잘라낸 색종이를 도화지에 붙인다.)

◆ 연습문제 2

수찬이는 저녁 식사 후 엄마를 도와드리기 위해 그릇을 씻으려고 한다. 씻어야 할 그릇은 모두 8개이다.
〈보기〉를 참고하여 괄호를 채워서 완성하시오.

〈보 기〉

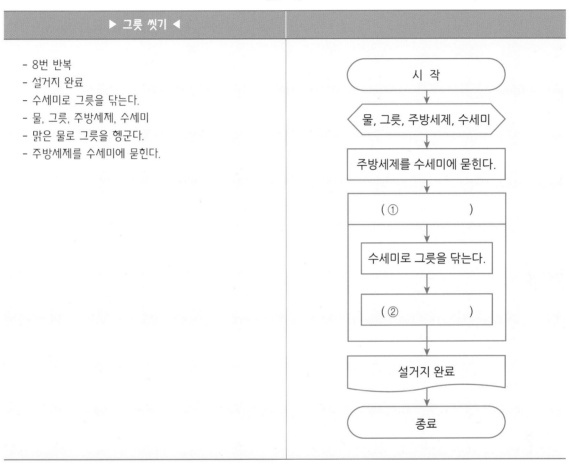

▶ 그릇 씻기 ◀	
– 8번 반복 – 설거지 완료 – 수세미로 그릇을 닦는다. – 물, 그릇, 주방세제, 수세미 – 맑은 물로 그릇을 헹군다. – 주방세제를 수세미에 묻힌다.	시 작 ↓ 물, 그릇, 주방세제, 수세미 ↓ 주방세제를 수세미에 묻힌다. ↓ (①) ↓ 수세미로 그릇을 닦는다. ↓ (②) ↓ 설거지 완료 ↓ 종료

해 답 풀 이	
질문 유형	반복 구조 알고리즘의 개념에 대한 이해도를 물어보는 문제
풀 이	수찬이가 설거지를 하기 위해 해야 하는 동작 순서는 다음과 같다. ① 물, 그릇, 주방세제, 수세미 → ② 주방세제를 수세미에 묻힌다. → ③ 동작 ④~⑤번을 8번 반복 수행한다. → ④ 수세미로 그릇을 닦는다. → ⑤ 맑은 물로 그릇을 헹군다. → ⑥ 설거지 완료
▣ 정답	(① 8번 반복) (② 맑은 물로 그릇을 헹군다.)

기본 프로그램 코딩에 관한 문제 유형들 살펴보기

알고리즘을 프로그래밍 언어로 표현하는 방법들을 스크래치 3.0 프로그래밍 언어를 이용하여 코딩하는 방법들에 대하여 알아보기로 하자.

3.1 기본 프로그래밍 코딩 유형 학습하기

순차 구조 프로그램, 선택 구조 프로그램, 반복 구조 프로그램을 코딩하는 방법들을 몇 가지 프로그래밍 예제들을 통하여 알아보기로 하자.

1 순차 구조 프로그램 코딩을 위한 문제 유형들

순차 구조 프로그램이란 실행 중간에 명령문의 실행 순서가 바뀌지 않고 명령블록이 코딩된 순서대로 동작을 수행하는 구조를 말한다.

◆ 연습문제 1

여우가 길을 가다가 곰을 만나서 대화하는 프로그램을 코딩하시오.

주요 학습 블록들	클릭했을 때	코딩된 명령블록들의 실행을 시작하는 역할한다.
	1 초 기다리기	지정한 시간 동안 대기하는 역할을 한다.
	안녕! 을(를) 2 초 동안 말하기	스프라이트가 일정한 시간 동안 지정한 메시지를 말하도록 하는 역할을 한다.

〈조건〉

- 🏳 버튼을 클릭하면 여우를 50만큼 이동한다.
- 여우가 먼저 3초 동안 '안녕! 곰이야'라고 말한다.
- 곰이 3초 동안 기다린다.
- 곰이 '안녕! 여우야'라고 3초 동안 말을 한다.
- 여우가 3초 동안 기다린다.
- 여우가 '잘가!'라고 말한다.

[코딩하기]

단계 01 스프라이트 영역에서 고양이 스프라이트의 오른쪽 위에 있는 휴지통 모양 아이콘을 클릭하여 현재 고양이 스프라이트를 삭제한다.

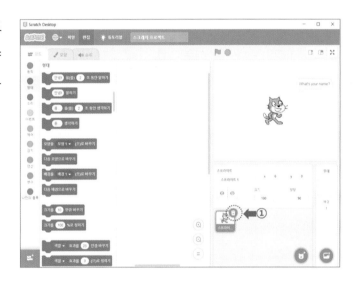

단계 02 스프라이트 영역에서 스프라이트 고르기 아이콘(🐱)을 클릭한 다음 스프라이트 고르기 화면에서 동물을 선택한 후 여우(Fox) 스프라이트와 곰(Bear) 스프라이트를 한 번에 한 개씩 2번을 반복하여 추가한 후 무대 영역에 적당히 배치한다.

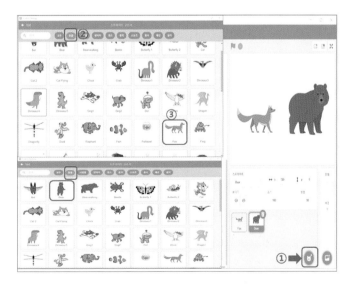

단계 03 스프라이트 영역에서 여우 스프라이트를 클릭한다. [이벤트 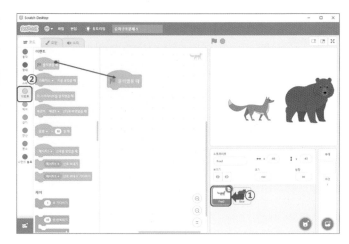] 명령블록 팔레트를 클릭한 다음 여기서 명령블록을 스크립트 영역으로 드래그를 한다.

단계 04 [동작] 명령블록 팔레트를 클릭한 다음 여기서 10 만큼 움직이기 명령블록을 스크립트 영역으로 드래그하여 연결한 후 숫자 '10'을 '50'으로 수정한다.

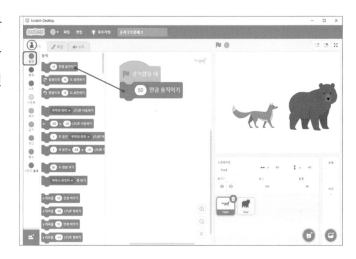

단계 05 [형태] 명령블록 팔레트를 클릭한 다음 여기서 안녕! 을(를) 2 초 동안 말하기 명령블록을 스크립트 영역으로 드래그하여 연결한 후 '안녕!'을 '안녕! 곰이야'로 숫자 '2'를 '3'으로 수정한다.

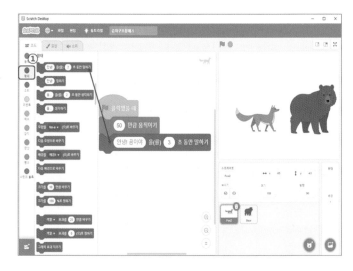

단계 06 스프라이트 영역에서 곰 스프라이트를 클릭한다. [이벤트 ⬤ 이벤트] 명령블록 팔레트를 클릭한 다음 여기서 🏳클릭했을 때 명령블록을 스크립트 영역으로 드래그한다.

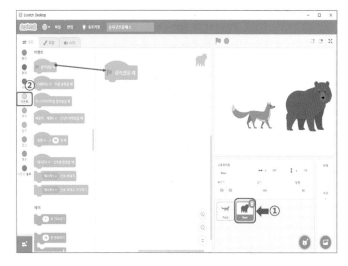

단계 07 [제어 ⬤ 제어] 명령블록 팔레트를 클릭한 다음 여기서 1 초 기다리기 명령블록을 스크립트 영역으로 드래그하여 연결한 후 숫자 '1'을 '3'으로 수정한다.

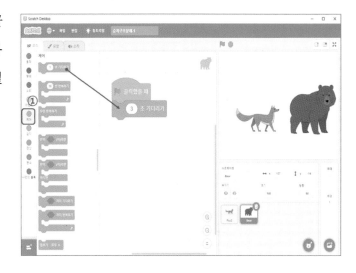

단계 08 [형태 ⬤ 형태] 명령블록 팔레트를 클릭한 다음 여기서 안녕! 을(를) 2 초 동안 말하기 명령블록을 스크립트 영역으로 드래그하여 연결한 후 '안녕!'을 '안녕! 여우야'로 숫자 '2'를 '3'으로 수정한다.

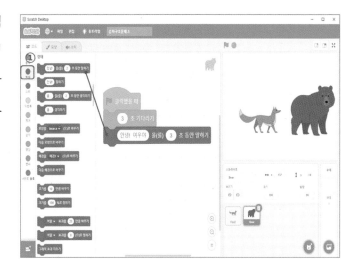

단계 09 다시 여우 스프라이트를 클릭한다. [제어 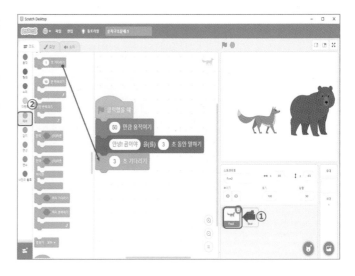] 명령블록 팔레트를 클릭한 다음 여기서 ⟨1초 기다리기⟩ 명령블록을 스크립트 영역으로 드래그하여 연결한 후 숫자 '1'을 '3'으로 수정한다.

단계 10 [형태 ●] 명령블록 팔레트를 클릭한 다음 여기서 ⟨안녕! 말하기⟩ 명령블록을 스크립트 영역으로 드래그하여 연결한 후 '안녕!'을 '잘가!'로 수정한다.

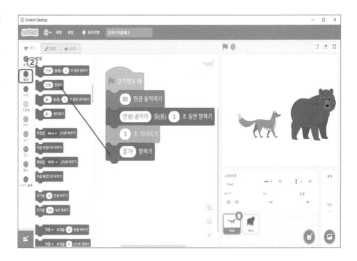

단계 11 ⚑ 버튼을 클릭하여 여우와 곰이 대화를 서로 주고받는 것이 실행이 잘되는지 확인을 한다.

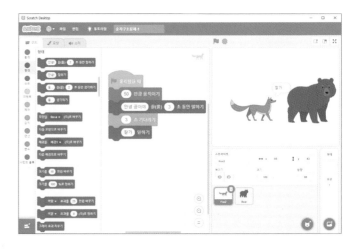

◆ 연습문제 2

앵무새가 하늘을 날도록 조정하는 프로그램을 코딩하시오.

주요 학습 블록들	스페이스 ▾ 키를 눌렀을 때	특정 키를 눌렀을 때 스프라이트가 동작하도록 하는 역할을 한다.
	x좌표를 10 만큼 바꾸기	스프라이트의 x 좌푯값을 지정한 값만큼 증가/감소하는 역할을 한다.
	y좌표를 10 만큼 바꾸기	스프라이트의 y 좌푯값을 지정한 값만큼 증가/감소하는 역할을 한다.
	색깔 ▾ 효과를 25 만큼 바꾸기	스프라이트에 특정 효과를 지정하고 지정한 값만큼 효과를 바꾸어 주는 역할을 한다

〈조건〉

• ⚑ 버튼을 클릭하면 앵무새를 투명도 효과 30만큼 바꾼다.

• 키보드의 위쪽 화살표 키를 입력하면 앵무새의 y 좌표를 15만큼 이동한다.

• 키보드의 아래쪽 화살표 키를 입력하면 앵무새의 y 좌표를 −15만큼 이동한다.

• 키보드의 오른쪽 화살표 키를 입력하면 앵무새의 x 좌표를 15만큼 이동한다.

• 키보드의 왼쪽 화살표 키를 입력하면 앵무새의 x 좌표를 −15만큼 이동한다.

[코딩하기]

단계 01 스프라이트 영역에서 고양이 옆에 있는 휴지통 모양 아이콘을 클릭하여 현재 고양이 스프라이트를 삭제한다.

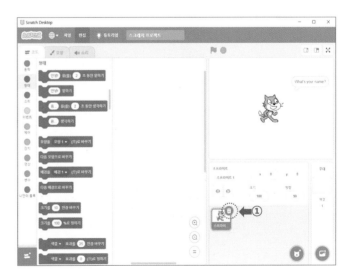

단계 02 스프라이트 영역에서 스프라이트 고르기 아이콘(🐱)을 클릭한 다음 스프라이트 고르기 화면에서 동물을 선택한 후 앵무새(Parrot) 스프라이트를 추가하여 무대 영역에 적당히 배치한다.

단계 03 [이벤트 ⚪이벤트] 명령블록 팔레트를 클릭한 다음 여기서 🏳클릭했을때 명령블록을 스크립트 영역으로 드래그한다.

단계 04 [형태 ⚫형태] 명령블록 팔레트를 클릭한 다음 여기서 색깔 ▼ 효과를 25 만큼 바꾸기 명령블록을 스크립트 영역으로 드래그하여 연결한 후 '색깔'을 '투명도'로 변경하고 숫자 '25'를 '30'으로 수정한다.

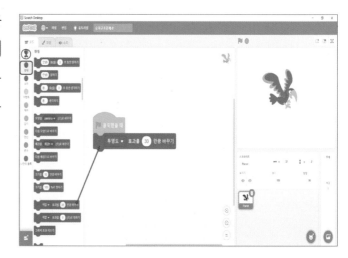

단계 05 [이벤트 ⬤ 이벤트] 명령블록 팔레트를 클릭한 다음 여기서 스페이스▼ 키를 눌렀을 때 명령블록을 스크립트 영역의 빈 영역으로 드래그한 다음 '스페이스'를 '위쪽 화살표'로 변경한다.

단계 06 [동작 ⬤ 동작] 명령블록 팔레트를 클릭한 다음 여기서 y좌표를 10 만큼 바꾸기 명령블록을 스크립트 영역으로 드래그하여 연결한 후 숫자 '10'을 '15'로 수정한다.

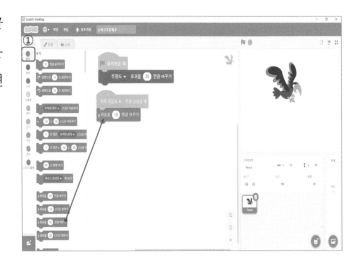

단계 07 [이벤트 ⬤ 이벤트] 명령블록 팔레트를 클릭한 다음 여기서 스페이스▼ 키를 눌렀을 때 명령블록을 스크립트 영역의 빈 영역으로 드래그한 다음 '스페이스'를 '아래쪽 화살표'로 변경한다.

단계 08 [동작 ●동작] 명령블록 팔레트를 클릭한 다음 여기서 `y좌표를 10 만큼 바꾸기` 명령블록을 스크립트 영역으로 드래그하여 연결한 후 숫자 '10'을 '-15'로 수정한다.

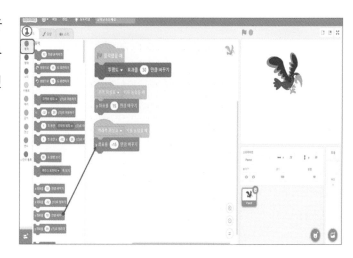

단계 09 [이벤트 ●이벤트] 명령블록 팔레트를 클릭한 다음 여기서 `스페이스 ▼ 키를 눌렀을 때` 명령블록을 스크립트 영역의 빈 영역으로 드래그한 다음 '스페이스'를 '오른쪽 화살표'로 변경한다.

단계 10 [동작 ●동작] 명령블록 팔레트를 클릭한 다음 여기서 `x좌표를 10 만큼 바꾸기` 명령블록을 스크립트 영역으로 드래그하여 연결한 후 숫자 '10'을 '15'로 수정한다.

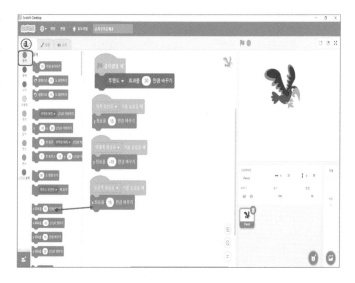

단계 11 [이벤트 ⬤_{이벤트}] 명령블록 팔레트를 클릭한 다음 여기서 `스페이스 ▼ 키를 눌렀을 때` 명령블록을 스크립트 영역의 빈 영역으로 드래그한 다음 '스페이스'를 '왼쪽 화살표'로 변경한다.

단계 12 [동작 ⬤_{동작}] 명령블록 팔레트를 클릭한 다음 여기서 `x좌표를 10 만큼 바꾸기` 명령블록을 스크립트 영역으로 드래그하여 연결한 후 숫자 '10'을 '-15'로 수정한다.

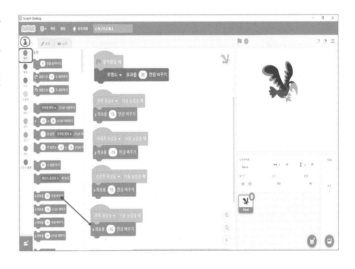

단계 13 ⚑ 버튼을 클릭하여 실행한 후 각 방향 화살표 키를 눌러서 실행이 잘 되는지 확인한다.

2 선택 구조 프로그램 코딩을 위한 문제 유형들

선택 구조 프로그램이란 주어진 어떤 조건의 판단 결과에 따라 명령블록의 실행 순서가 중간에 변경되어 동작을 수행하는 구조를 말한다.

◆ 연습문제 1

꽃게에 도장을 찍어서 여러 마리 꽃게로 만드는 프로그램을 코딩하시오.

주요 학습 블록들	무작위 위치 ▼ (으)로 이동하기	스프라이트를 무작위(임의의) 위치 또는 마우스 포인터 위치로 이동시키는 역할을 한다.
	무한 반복하기	이 블록 내부에 있는 명령블록들을 무한 반복 실행하는 역할을 한다.
	만약 (이)라면	조건이 참(True)일 때 이 블록 내부에 있는 명령블록들을 실행하는 역할을 한다.
	마우스를 클릭했는가?	마우스를 클릭했을 때 참(True)값을 반환하는 역할을 한다.
	도장찍기	스프라이트를 도장을 찍는 것처럼 복사를 해주는 역할을 한다.

〈조건〉

- ▶ 버튼을 클릭하면 마우스 포인터를 따라 꽃게가 이동한다.
- 마우스를 클릭할 때마다 꽃게 도장이 찍힌다.
- 키보드의 왼쪽 화살표 키를 입력하면 꽃게가 '반갑습니다!'라고 2초 동안 말한다.
- 키보드의 오른쪽 화살표 키를 입력하면 꽃게가 'Hi'라고 2초 동안 말한다.

[코딩하기]

단계 01 스프라이트 영역에서 고양이 옆에 있는 휴지통 모양 아이콘을 클릭하여 현재 고양이 스프라이트를 삭제한다.

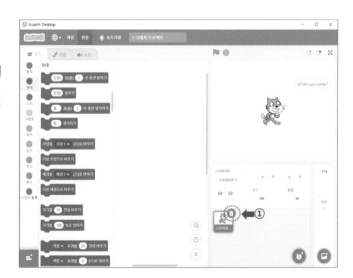

단계 02 스프라이트 영역에서 스프라이트 고르기 아이콘(🐻)을 클릭한 다음 스프라이트 고르기 화면에서 동물을 선택한 후 꽃게(Crab) 스프라이트를 추가하여 무대 영역에 적당히 배치한다.

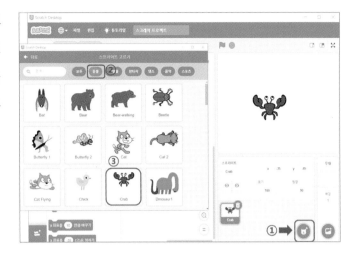

단계 03 [이벤트 🔵] 명령블록 팔레트를 클릭한 다음 여기서 🏁클릭했을때 명령블록을 스크립트 영역으로 드래그한다.

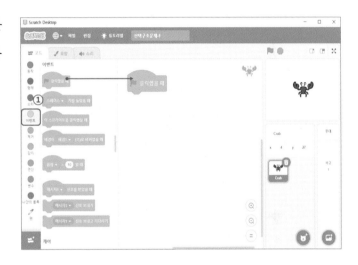

단계 04 [제어 🔵] 명령블록 팔레트를 클릭한 다음 여기서 무한반복하기 명령블록을 스크립트 영역으로 드래그하여 연결한다.

(☞ 여기서 반복 구조인 무한 반복문 명령블록을 사용하는 이유는 선택 구조 명령블록은 단독으로 사용되는 경우보다는 주로 반복문과 함께 사용되는 예제들이 대부분이기 때문이다.)

단계 05 [동작 동작] 명령블록 팔레트를 클릭한 다음 여기서 `무작위 위치 ▼ (으)로 이동하기` 명령블록을 스크립트 영역의 `무한 반복하기` 명령블록 내부로 드래그하여 연결한 후 '무작위 위치'를 '마우스 포인터'로 변경한다.

단계 06 [제어 제어] 명령블록 팔레트를 클릭한 다음 여기서 `만약 ◇ (이)라면` 명령블록을 스크립트 영역의 `마우스 포인터 ▼ (으)로 이동하기` 명령블록에 드래그하여 연결한다.

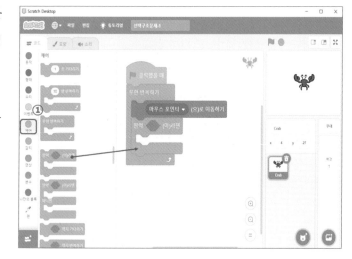

단계 07 [감지 감지] 명령블록 팔레트를 클릭한 다음 여기서 `마우스를 클릭했는가?` 명령블록을 스크립트 영역의 `만약 ◇ (이)라면` 명령블록의 조건 지정 칸 (◇) 위에 드래그하여 연결한다.

단계 08 확장 기능 추가하기 아이콘( )을 클릭하여 펜 명령블록 팔레트를 추가한 다음 펜 ( ) 명령블록 팔레트를 클릭한 후 여기서 명령블록을 스크립트 영역의 명령블록 내부로 드래그하여 연결한다.

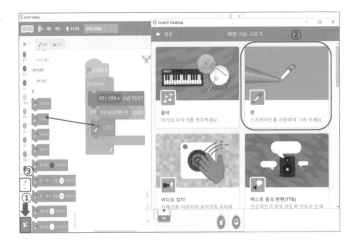

단계 09 [이벤트] 명령블록 팔레트를 클릭한 다음 여기서 명령블록을 스크립트 영역 빈 영역으로 드래그한 다음 '스페이스'를 '왼쪽 화살표'로 변경한다.

단계 10 [형태] 명령블록 팔레트를 클릭한 다음 여기서 명령블록을 스크립트 영역으로 드래그하여 연결한 후 '안녕!'을 '반갑습니다!'로 수정한다.

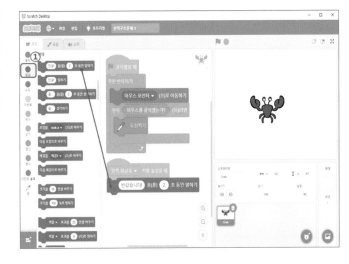

단계 11 [이벤트 ⬤이벤트] 명령블록 팔레트를 클릭한 다음 여기서 [스페이스 ▾ 키를 눌렀을 때] 명령블록을 스크립트 영역의 빈 영역으로 드래그한 다음 '스페이스'를 '오른쪽 화살표'로 변경한다.

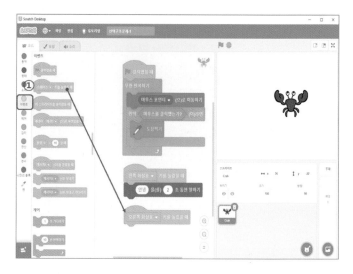

단계 12 [형태 ⬤형태] 명령블록 팔레트를 클릭한 다음 여기서 [안녕! 을(를) 2 초 동안 말하기] 명령블록을 스크립트 영역으로 드래그하여 연결한 후 '안녕!'을 'Hi'로 수정한다.

단계 13 ⚑ 버튼을 클릭하여 실행을 시작한 다음 마우스를 이동하고 클릭하여 꽃게 복사가 잘 되는지 확인하고 왼쪽 화살표와 오른쪽 화살표 키를 입력하여 실행이 잘 되는지 확인한다.

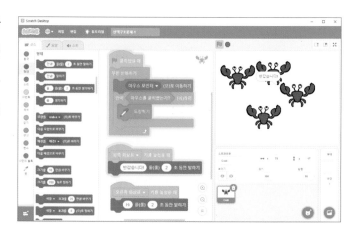

◆ 연습문제 2

강아지가 길을 가다가 벽에 닿으면 반대 방향으로 돌아서 걸어가는 프로그램을 코딩하시오.

주요 학습 블록들	마우스 포인터 ▼ 에 닿았는가?	스프라이트가 마우스 포인터/벽에 닿으면 참(True)값을 반환하는 역할을 한다.
	다음 모양으로 바꾸기	스프라이트의 현재 모양을 다음 순서에 해당하는 스프라이트 모양으로 변경하는 역할을 한다.
	방향으로 15 도 회전하기	스프라이트를 입력한 숫자만큼 시계 반대 방향으로 회전시키는 역할을 한다.

〈조건〉

- 🏳 버튼을 클릭하면 강아지가 20만큼씩 반복 이동하게 한다.
- 모양을 바꾸어 가면서 걸어가는 것처럼 보이게 한다.
- 강아지는 0.2초 간격의 속도로 걸어간다.
- 강아지가 벽에 닿으면 반대 방향을 바라보게 한다.
- 강아지가 벽에 닿으면 반대 방향으로 걸어간다.

[코딩하기]

단계 01 스프라이트 영역에서 고양이 옆에 있는 휴지통 모양 아이콘을 클릭하여 현재 고양이 스프라이트를 삭제한다.

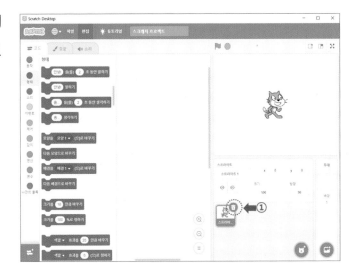

단계 02 스프라이트 영역에서 스프라이트 고르기 아이콘(🐻)을 클릭한 다음 스프라이트 고르기 화면에서 동물을 선택한 후 강아지(Dog2) 스프라이트를 추가하여 무대 영역의 왼쪽에 적당히 배치한다.

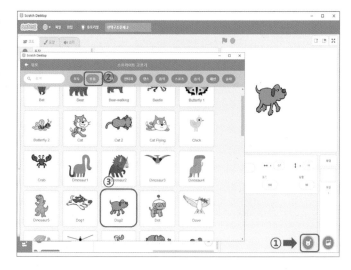

단계 03 강아지가 반대 방향으로 이동할 때 뒤집히는 것을 방지하기 위해 스프라이트의 방향 값(방향 ◯90)
입력란을 클릭하여 회전 각도 설정을 위한 시계 모양 창이 뜨면 왼쪽/오른쪽 아이콘을(▶◀)을 클릭한 후
무대 영역의 빈 영역을 클릭한다.

단계 04 [이벤트 🔵] 명령블록 팔레트를 클릭한 다음 여기서 🟡클릭했을 때 명령블록을 스크립트 영역으로 드래그한다.

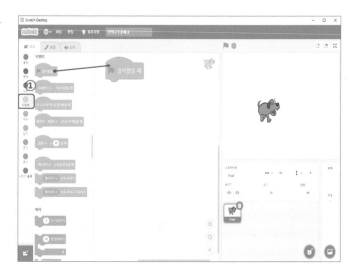

단계 05 [제어 ●제어] 명령블록 팔레트를 클릭한 다음 여기서 무한 반복하기 명령블록을 스크립트 영역으로 드래그하여 연결한다.

단계 06 [동작 ●동작] 명령블록 팔레트를 클릭한 다음 여기서 10 만큼 움직이기 명령블록을 스크립트 영역의 무한 반복하기 명령블록 내부로 드래그하여 연결한 후 숫자 '10'을 '20'으로 수정하시오.

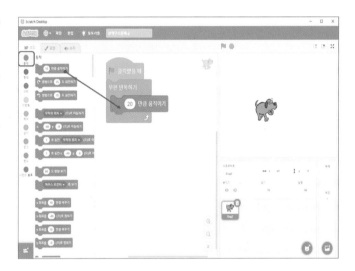

단계 07 [형태 ●형태] 명령블록 팔레트를 클릭한 다음 여기서 다음 모양으로 배꾸기 명령블록을 드래그하여 스크립트 영역의 20 만큼 움직이기 명령블록에 드래그하여 연결한다.

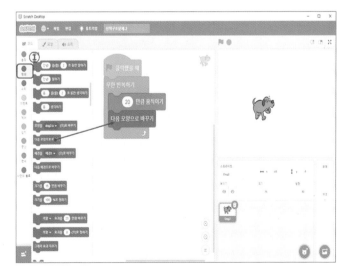

단계 08 [제어 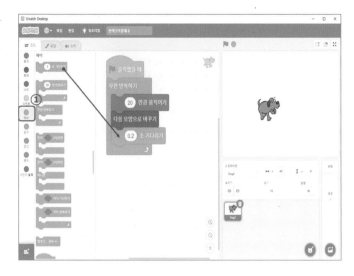] 명령블록 팔레트를 클릭한 다음 여기서 ⬭ 1 초 기다리기 명령블록을 스크립트 영역의 다음 모양으로 배꾸기 명령블록에 드래그하여 연결한 후 숫자 '1'을 '0.2'로 수정한다.

단계 09 [제어 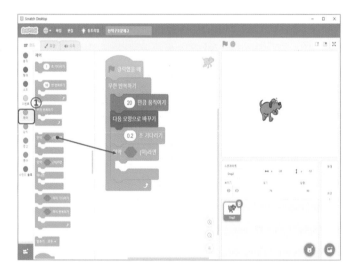] 명령블록 팔레트를 클릭한 다음 여기서 만약 ⬦ (이)라면 명령블록을 스크립트 영역의 0.2 초 기다리기 명령블록에 드래그하여 연결한다.

단계 10 [감지 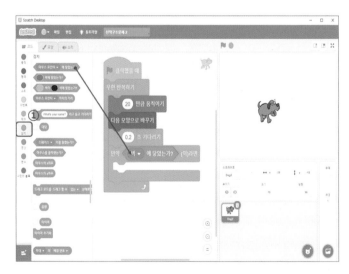] 명령블록 팔레트를 클릭한 다음 여기서 〈 마우스 포인터 ▾ 에 닿았는가? 〉 명령블록을 스크립트 영역의 만약 ⬦ (이)라면 명령블록의 조건 지정 칸(⬦) 위로 드래그하여 연결한 후 '마우스 포인터'를 '벽'으로 변경한다.

단계 11 [동작 ●동작] 명령블록 팔레트를 클릭한 다음 여기서 ↻ 방향으로 15 도 회전하기 명령블록을 스크립트 영역의 만약 ◀벽 ▾에 닿았는가?▶ (이)라면 명령블록 내부로 드래그하여 연결한 후 숫자 '15'을 '180'으로 수정한다.

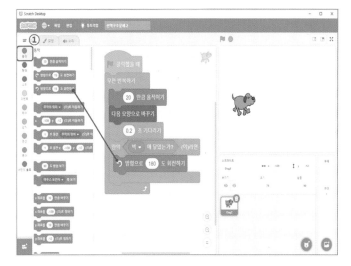

단계 12 ▶️ 버튼을 클릭하여 강아지가 벽에 닿았을 때 방향을 반대로 바꾸면서 잘 걸어 다니는지 확인한다.

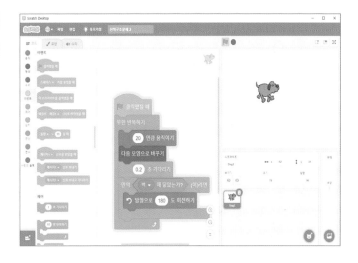

🔢 반복 구조 프로그램 코딩을 위한 문제 유형들

반복 구조 프로그램이란 어떤 명령문들을 반복해서 수행해야 될 필요가 있는 경우에 일련의 명령블록들을 묶어서 무한 반복 실행하거나 지정한 횟수만큼 반복해서 실행 또는 주어진 조건이 참이 될 때까지(즉 조건이 거짓인 동안만) 계속하여 수행하는 구조를 말한다.

◆ 연습문제 1

하늘을 날아다니는 나비를 클릭하면 '카운트'를 1씩 증가하도록 프로그램을 코딩하시오.

주요 학습 블록들	x: 0 y: 0 (으)로 이동하기	스프라이트를 지정한 x 좌표, y 좌푯값 위치로 이동시키는 역할을 한다.
	무한 반복하기	이 블록 내부에 있는 명령블록들을 무한 반복 실행하는 역할을 한다.
	이 스프라이트를 클릭했을 때	이 스프라이트를 클릭했을 때 이 명령블록에 연결된 명령블록들을 실행하는 역할을 한다.
	1 부터 10 사이의 난수	첫 번째 지정한 숫자와 두 번째 지정한 숫자 사이의 난수를 계산해 주는 역할을 한다.
	나의 변수 ▼ 을(를) 0 로 정하기	특정한 변수의 값을 지정한 값으로 설정하는 역할을 한다.
	나의 변수 ▼ 을(를) 1 만큼 바꾸기	특정 변수의 현재 값을 지정한 숫자만큼 증가/감소하는 역할을 한다.

〈조건〉

• 🏴 버튼을 클릭하면 '카운트'는 0에서 시작한다.

• 나비가 x 좌표 −200에서 200 사이, y 좌표 −100에 100 사이로 무작위로 이동하게 한다.

• 나비는 1초마다 이동한다.

• 나비를 클릭할 때마다 '카운트'를 1씩 증가하고 '잡았다!'를 1초 동안 말한다.

단계 01 스프라이트 영역에서 고양이 옆에 있는 휴지통 모양 아이콘을 클릭하여 현재 고양이 스프라이트를 삭제한다.

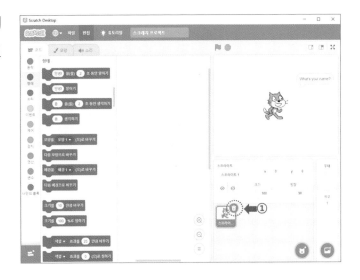

단계 02 스프라이트 영역에서 새로운 스프라이트 추가 아이콘(🐻)을 클릭하여 목록을 동물을 선택한 후 나비(Butterfly2) 스프라이트를 추가한 후 무대 영역에 적당히 배치한다.

단계 03 [변수 🔴] 명령블록 팔레트를 클릭한 다음 여기서 변수 만들기 버튼을 클릭한 다음 변수 입력창이 열리면 새로운 변수 이름: 란에 '카운트'라고 입력한 후 확인 버튼을 클릭한다.

단계 04 [이벤트 ⬤] 명령블록 팔레트를
클릭한 다음 여기서 🏳클릭했을 때 명령블록
을 스크립트 영역으로 드래그한다.

단계 05 [변수 ⬤] 명령블록 팔레트를 클
릭한 다음 여기서 카운트▼ 을(를) 0 로 정하기
명령블록을 스크립트 영역으로 드래그하
여 연결한다.

단계 06 [제어 ⬤] 명령블록 팔레트를 클릭
한 다음 여기서 무한 반복하기 명령블록을
스크립트 영역으로 드래그하여 연결
한다.

단계 07 [동작 ^{동작}] 명령블록 팔레트를 클릭한 다음 여기서 `x: 0 y: 0 (으)로 이동하기` 명령블록을 스크립트 영역의 `무한 반복하기` 명령블록 내부로 드래그하여 넣는다.

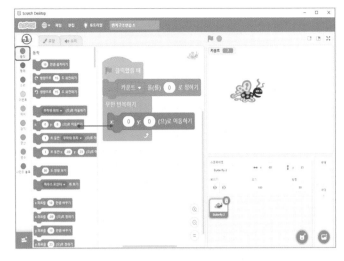

단계 08 [연산 ^{연산}] 명령블록 팔레트를 클릭한 다음 여기서 `1 부터 10 사이의 난수` 명령블록을 스크립트 영역의 `x: 0 y: 0 (으)로 이동하기` 명령블록의 첫 번째 숫자 '0' 위로 드래그하여 넣은 다음, 숫자 '1'을 '−200'으로 '10'은 '200'으로 수정한다.

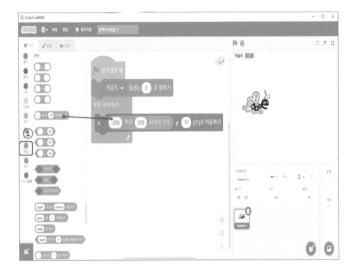

단계 09 계속해서 한번 더 `1 부터 10 사이의 난수` 명령블록을 스크립트 영역의 `x: -200 부터 200 사이의 난수 y: 0 (으)로 이동하기` 명령블록의 두 번째 숫자 '0' 위로 드래그하여 넣은 후 숫자 '1'을 '−100'으로 '10'은 '100'으로 수정한다.

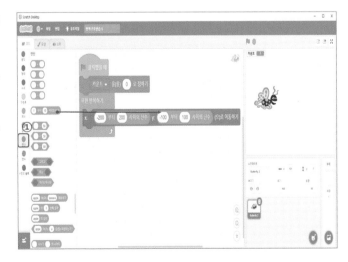

PART IV. 핵심 출제문제 유형 익히기

단계 10 [제어 ⬤] 명령블록 팔레트를 클릭
한 다음 여기서 ▢1초 기다리기▢ 명령블록을

x: ▢-200 부터 ▢200 사이의 난수 y: ▢-100 부터 ▢100 사이의 난수 (으)로 이동하기

명령블록에 드래그하여 연결한다.

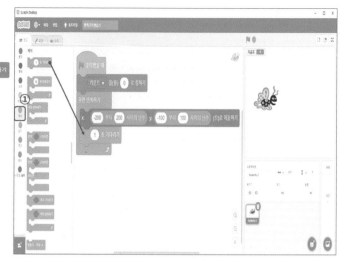

단계 11 [이벤트 ⬤] 명령블록 팔레트를
클릭한 다음 여기서 ▢이 스프라이트를 클릭했을 때▢ 명
령블록을 스크립트 영역의 빈 영역으로
드래그한다.

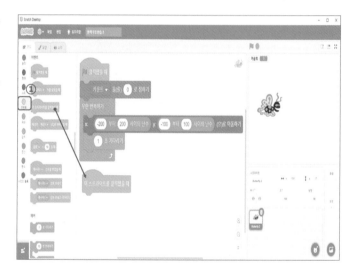

단계 12 [변수 ⬤] 명령블록 팔레트를 클릭
한 다음 여기서 ▢카운트 ▾ 을(를) 1 만큼 바꾸기▢ 명령
블록을 스크립트 영역의 ▢이 스프라이트를 클릭했을 때▢
명령블록에 드래그하여 연결한다.

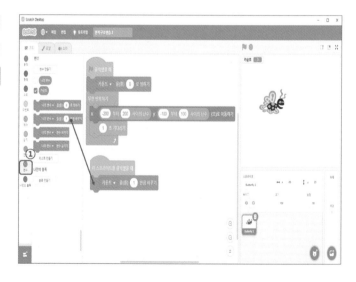

단계 13 [형태 ●] 명령블록 팔레트를 클릭한 다음 여기서 ⬛ 명령블록을 스크립트 영역의 ⬛ 명령블록에 드래그하여 연결한 후 '안녕!'을 '잡았다!'로 숫자 '2'를 숫자 '1'로 수정한다.

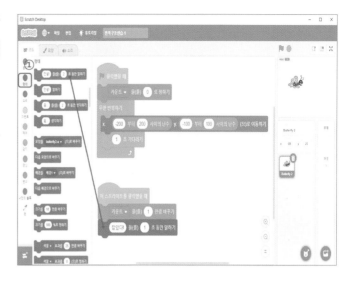

단계 14 ▶ 버튼을 클릭하여 실행한 후 마우스로 날아다니는 나비를 클릭할 때 마다 '잡았다!' 메시지와 함께 변수 카운트의 값이 1씩 증가하는지 확인한다.

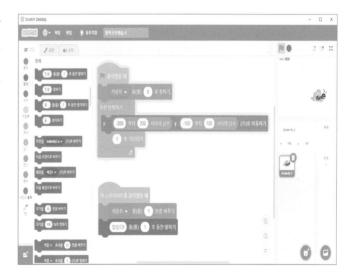

◆ 연습문제 2

강아지가 뛰어다니는 모습에 대한 프로그램을 코딩하시오.

주요 학습 블록들	벽에 닿으면 튕기기	스프라이트가 이동하다가 벽에 닿으면 튕겨져 반대 방향으로 향하도록 하는 역할을 한다.
	모양을 모양 1 ▾ (으)로 바꾸기	스프라이트의 현재 모양을 지정한 스프라이트 모양으로 변경하는 역할을 한다.
	10 번 반복하기	이 명령블록 내부에 있는 명령블록들을 지정한 숫자만큼만 반복 실행하는 역할을 한다.
	x 좌표를 10 만큼 바꾸기	스프라이트의 현재 x 좌푯값을 지정한 숫자만큼 증가/감소하는 역할을 한다.
	y 좌표를 10 만큼 바꾸기	스프라이트의 현재 y 좌푯값을 지정한 숫자만큼 증가/감소하는 역할을 한다.

〈조건〉

- 🚩 버튼을 클릭하면 강아지가 20만큼 반복이동 한다.
- 벽에 닿으면 튕기도록 한다.
- 아무 키나 누르면 아래의 4가지 동작들을 순서대로 실행되도록 한다.

  ① '강아지-b'로 모양을 바꾼다.

  ② 강아지가 x 좌표 5만큼씩 10번 반복 이동한다.

  ③ 강아지가 y 좌표를 -5만큼씩 10번 반복 이동한다.

  ④ 다시 '강아지-a' 모양으로 바꾼다.

[코딩하기]

단계 01 스프라이트 영역에서 고양이 옆에 있는 휴지통 모양 아이콘을 클릭하여 현재 고양이 스프라이트를 삭제한다.

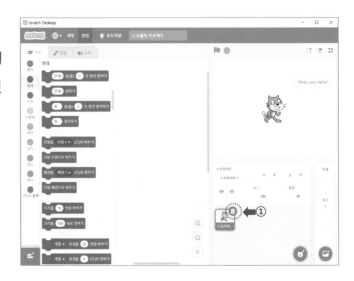

단계 02 스프라이트 영역에서 스프라이트 고르기 아이콘(🐻)을 클릭한 다음 스프라이트 고르기 화면에서 동물을 선택한 후 강아지(Dog1) 스프라이트를 추가한 후 무대 영역에 적당히 배치한다.

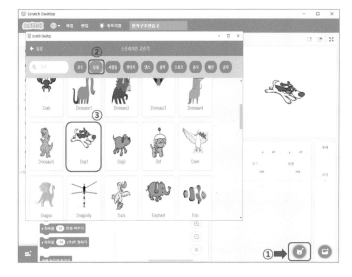

단계 03 [이벤트 ⬤ 이벤트] 명령블록 팔레트를 클릭한 다음 여기서 🏳 클릭했을 때 명령블록을 스크립트 영역으로 드래그한다.

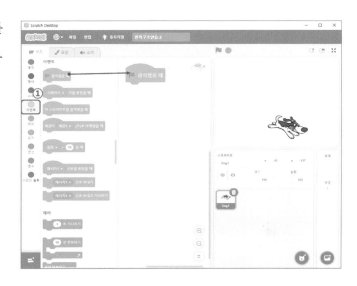

단계 04 [제어 ⬤ 제어] 명령블록 팔레트를 클릭한 다음 여기서 무한 반복하기 명령블록을 스크립트 영역으로 드래그하여 연결한다.

단계 05 [동작 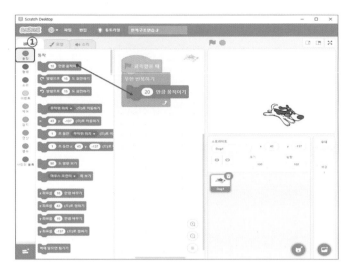] 명령블록 팔레트를 클릭한 다음 여기서 `10 만큼 움직이기` 명령블록을 스크립트 영역의 `무한 반복하기` 명령블록 내부로 드래그하여 연결한 후 숫자 '10'을 '20'으로 수정한다.

단계 06 계속해서 [동작] 명령블록 팔레트에 있는 `벽에 닿으면 튕기기` 명령블록을 스크립트 영역의 `20 만큼 움직이기` 명령블록에 드래그하여 연결한다.

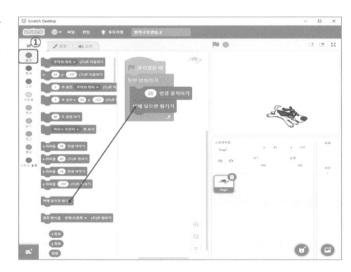

단계 07 [이벤트] 명령블록 팔레트를 클릭한 다음 여기서 `스페이스 ▼ 키를 눌렀을 때` 명령블록을 스크립트 영역으로 아래쪽 빈 영역으로 드래그 한 후 '스페이스'를 '아무'로 변경한다.

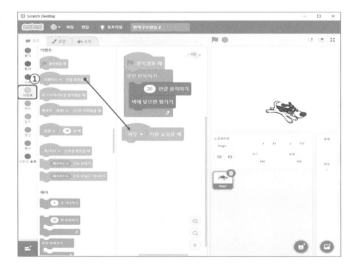

단계 08 [형태 ●형태] 명령블록 팔레트를 클릭한 다음 여기서 `모양을 dog1-a ▼ (으)로 바꾸기` 명령블록을 드래그하여 스크립트 영역의 `아무 ▼ 키를 눌렀을 때` 명령블록에 드래그하여 연결한 후 'dog-a'를 'dog-b'로 변경한다.

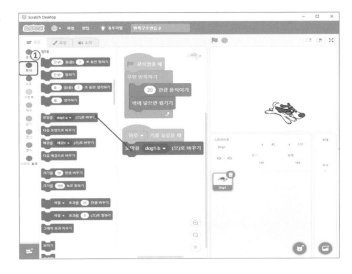

단계 09 [제어 ●제어] 명령블록 팔레트를 클릭한 다음 여기서 `10 번 반복하기` 명령블록을 스크립트 영역으로 드래그하여 `모양을 dog1-b ▼ (으)로 바꾸기` 명령블록에 연결한다.

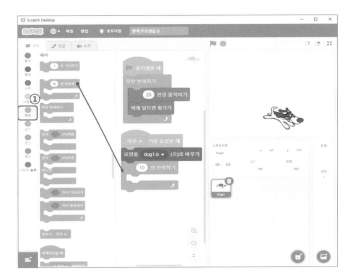

단계 10 [동작 ●동작] 명령블록 팔레트를 클릭한 다음 여기서 `x좌표를 10 만큼 바꾸기` 명령블록을 스크립트 영역의 `10 번 반복하기` 명령블록 내부로 드래그하여 넣은 후 숫자 '10'을 '5'로 수정한다.

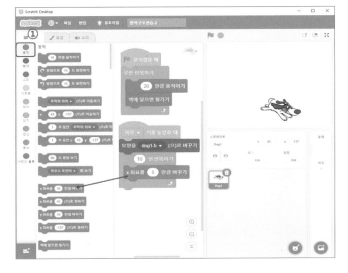

단계 11 [제어 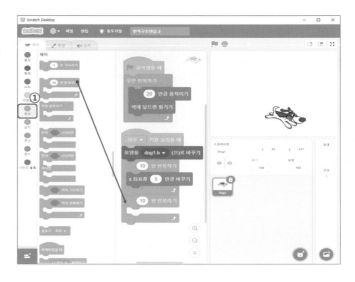] 명령블록 팔레트를 클릭한 다음 여기서 `10 번 반복하기` 명령블록을 스크립트 영역의 `10 번 반복하기` 명령블록에 드래그하여 연결한다.

단계 12 [동작 ●] 명령블록 팔레트를 클릭한 다음 여기서 `y좌표를 10 만큼 바꾸기` 명령블록을 스크립트 영역에 있는 단계 11에서 가져온 `10 번 반복하기` 명령블록 내부로 드래그하여 넣은 후 숫자 '10'을 '-5'로 수정한다.

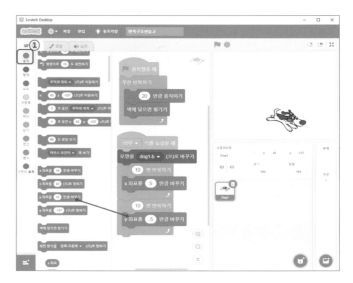

단계 13 [형태 ●] 명령블록 팔레트를 클릭한 다음 여기서 `모양을 dog1-a (으)로 바꾸기` 명령블록을 스크립트 영역에 있는 단계 12에서 가져온 `10 번 반복하기` 명령블록에 드래그하여 연결한다.

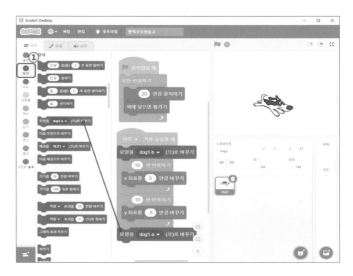

버튼을 클릭하여 실행을 한 후 강아지가 이리저리 뛰어다니다가 아무 키나 누르면 두 번째 모양으로 바뀌어서 이리저리 뛰어다가 첫 번째 모양으로 다시 바뀌어서 뛰어다니는지 확인을 한다.

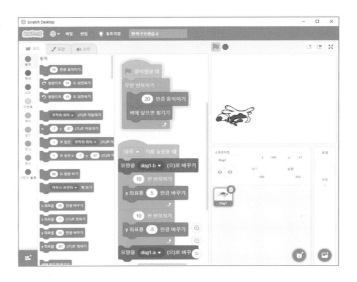

SCRATCH

PART V

SW 코딩자격 3급
시험대비 실전 모의고사

실전 모의고사 1회

SW 코딩자격(3급)

- SOFTWARE CODING AND COMPUTING TEST -

SW	시험 시간	급수	응시일	수험번호	성명
Scratch 2.0 이상	45분	3	년 월 일		

수험자 유의사항

- 수험자는 감독관의 안내에 따라 문제지와 시험용 SW 등의 이상 여부를 확인해야 합니다.
- 시험지는 시험이 끝난 후 답안지와 함께 제출해야 하며 미제출 시 실격 처리됩니다.
- 제한된 시간 내에 시험을 완료하여야 합니다. 시험 시작 후에는 화장실 출입이 불가하며 시험 시간 중에는 퇴실할 수 없습니다.
- 시험 시간 중 고사실 내에서 휴대전화기, 디지털카메라, MP3 등 전자 기기를 소지한 경우, 해당자의 시험을 무효로 처리하오니 절대 휴대하지 않도록 합니다.
- 부정 응시 및 문제 유출에 해당하는 행위, 즉 답안을 타인에게 전달 및 외부로 반출하는 경우, 자격기본법 제32조에 의거 부정행위로 간주되어 해당자의 시험을 무효 처리하며 민/형사상의 책임을 물을 수 있습니다.

답안 작성 요령

답안 작성 절차
- 바탕 화면(Desktop) / SW3-시험 / 수험번호-성명 / 파일에 답안을 작성 또는 작업 후 저장
- 시험을 완료한 수험자는 감독관의 안내에 따라 ① 시험지를 제출하고 ② 답안 파일을 저장한 후 퇴실합니다.

한국생산성본부

1. 은혁이는 자신이 좋아하는 동물들의 네임 카드를 만든 후 컴퓨팅 사고 추상화를 적용하여 정리하려고 한다.
〈보기〉를 참고하여 문제의 괄호를 채워 완성하시오. (10점)

〈 보기 〉	
〈 좋아하는 동물 리스트 〉	〈 추상화 〉
사자　코끼리　독수리 돌고래　말　코뿔소 바다거북　원숭이　호랑이	• 문제 해결을 위해 불필요한 부분은 없애고 꼭 필요한 부분을 기준으로 단순하게 표현하는 것
	〈 예시 〉
	(가) 포유류에 속하는 동물이다. (나) 육지에 사는 동물이다. (다) 바다에 사는 동물이다. (라) 멸종 위기 동물이다.

〈 문제 〉
※ 답안 작성 요령: 〈보기〉를 참고하여, 빈칸 ①과 ②를 채워 넣으시오.
은혁이가 〈좋아하는 동물 리스트〉을 보고 〈추상화〉를 참고하여, 은혁이가 좋아하는 동물들의 주요 공통점을 (가)~(라) 중 고른다면 '(가) 포유류에 속하는 동물이다.'라고 할 수 있다. 또한, 이렇게 한마디로 정리했을 때 해당되지 않는 동물을 빼라고 한다면 (①), (②) 두 가지를 뺄 수 있다.

2. 현수는 다음의 기호 읽는 법에 대한 음계 규칙을 정해 놓은 다음 멜로디 카드를 만들었다. 〈보기〉를 보고 괄호를 채워서 완성하시오. (10점)

〈 보기 〉	
〈 기호에 대한 음계 규칙 〉	〈 멜로디 카드 연주 〉

가. 하트(♥)는 '도'를 의미하고 클로버(♣)는 '미'를 의미하고 다이아몬드(◆)는 '솔'을 의미한다.
나. 멜로디 카드를 읽는 순서는 첫 번째 줄 왼쪽에서 오른쪽으로 읽는다.

〈 멜로디 카드 연주 〉

♣ ♣ ♥ ♦ ♥   미 미 도 솔 도
♣ ♦ ♦ ♣ ♥   미 솔 솔 미 도
♣ ♦ ♦ ♦ ♥   미 솔 솔 솔 도
♥ ♦ ♦ ♥ ♥   도 솔 솔 도 도

〈 문제 〉

※ 답안 작성 요령: 〈보기〉를 참고하여, 빈칸 ①과 ②를 채워 넣으시오.

〈 멜로디 카드 연주 〉

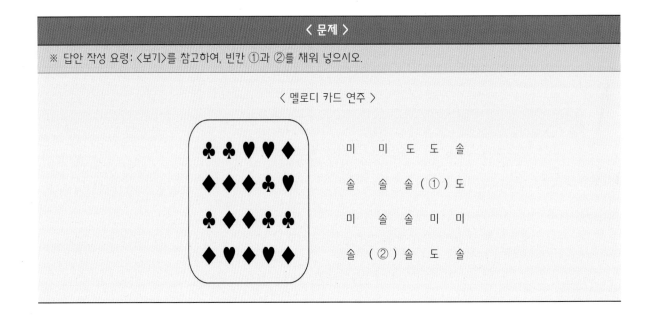

♣ ♣ ♥ ♥ ◆   미 미 도 도 솔
◆ ◆ ◆ ♣ ♥   솔 솔 솔 (①) 도
♣ ◆ ◆ ♣ ♣   미 솔 솔 미 미
◆ ♥ ◆ ♥ ◆   솔 (②) 솔 도 솔

3. 은영이는 90리터짜리 빈병에 물을 채우려고 하고 있다. 〈보기〉를 참고하여 괄호를 채워서 완성하시오. (10점)

V. SW 코딩자격 3급
시험대비 실전 모의고사
PART

〈 보기 〉	
〈 계량컵의 종류 〉	〈 빈 병에 물 채우기 〉
가. 정원이가 가진 계량컵은 5리터, 12리터, 20리터짜리 3개이다. 정원이가 가진 가장 작은 계량컵은 5리터이고 가장 큰 계량컵은 20리터이다. 나. 은영이는 10리터, 15리터, 25리터 3가지 종류의 계량컵을 가지고 있고, 가장 작은 계량컵은 10리터이고 가장 큰 계량컵은 25리터이다.	정원이가 빈 병에 물을 채우기 위해 사용한 계량컵의 최소 사용 횟수는 6회이며, 계량컵 사용 순서를 표현하면 다음과 같다. 빈 병 총용량 90리터 20, 20, 20, 20, 5, 5

〈 문제 〉
※ 답안 작성 요령: 〈보기〉를 참고하여, 빈칸 ①과 ②를 채워 넣으시오.

은영이가 빈 병에 물을 채우기 위해 최소로 사용한 계량컵의 순서를 표현한 것은 다음과 같다.

25, (①), 25, (②)

Chapter 01. 실전 모의고사 1회 101

4. 우주는 놀이공원에서 놀이기구를 타려고 한다. 〈보기〉를 참고하여 괄호를 채워서 완성하시오. (10점)

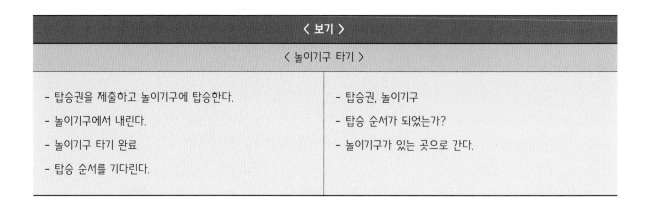

〈 보기 〉
〈 놀이기구 타기 〉

- 탑승권을 제출하고 놀이기구에 탑승한다.	- 탑승권, 놀이기구
- 놀이기구에서 내린다.	- 탑승 순서가 되었는가?
- 놀이기구 타기 완료	- 놀이기구가 있는 곳으로 간다.
- 탑승 순서를 기다린다.	

〈 문제 〉
※ 답안 작성 요령: 〈보기〉를 참고하여 작성하되, 〈놀이기구 타기〉에서 적절한 내용을 골라 빈칸 ①과 ②를 채워 넣으시오.

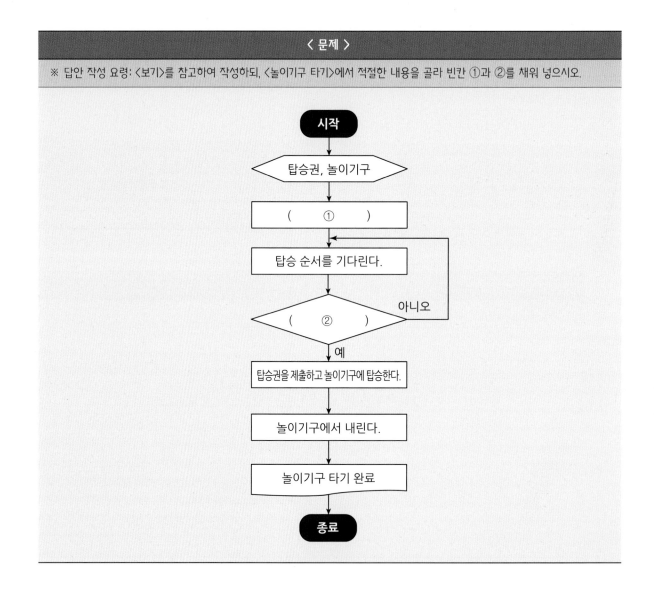

5. 은율이는 1,000원짜리 지폐 1장으로 100원짜리 동전만 사용이 가능한 문구 자판기에서 600원짜리 색연필을 사려고 한다. 〈보기〉를 참고하여 괄호를 채워서 완성하시오. (10점)

〈 보기 〉
〈 문구 자판기에서 색연필 사기 〉

- 1,000원권 지폐 1장, 문구 자판기
- 지폐를 100원짜리 동전으로 교환한다.
- 6번 반복
- 자판기에 동전을 투입한다.

- 색연필 선택 버튼을 누른다.
- 색연필을 꺼낸다.
- 색연필 사기 완료

〈 문제 〉

※ 답안 작성 요령: 〈보기〉를 참고하여 작성하되, 〈문구 자판기에서 색연필 사기〉에서 적절한 내용을 골라 빈칸 ①과 ②를 채워 넣으시오.

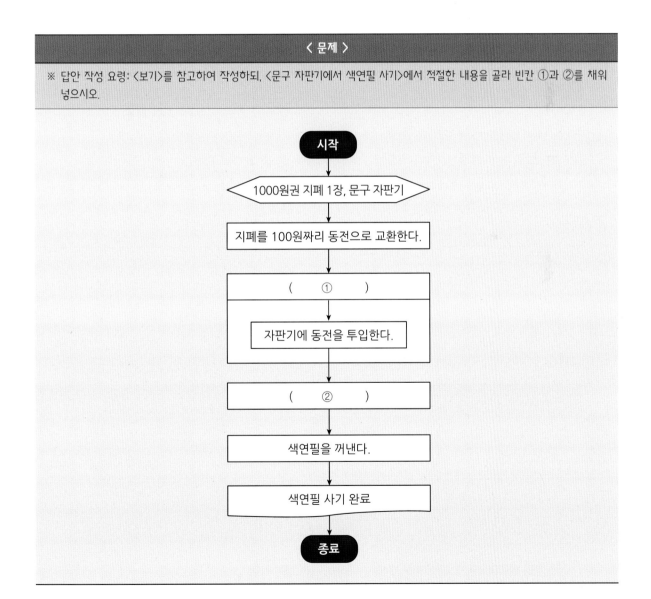

※ 프로그래밍 작업 가이드

- 바탕 화면(Desktop) / SW3 – 시험
- 수험번호 – 성명 폴더를 마우스 오른쪽 버튼으로 클릭한 후, [이름 바꾸기]를 클릭
  → 본인의 수험번호 – 성명으로 수정하시오.
- 본인의 수험번호 – 성명으로 수정된 폴더 안의 파일을 문항별로 더블클릭하여 프로그램을 실행합니다.
- 문항별 조건에 따라 작업을 완료하였으면, 〈파일〉 저장하기 버튼을 클릭하여 저장합니다.

---

6. 말과 박쥐의 모양이 바뀌도록 프로그램을 코딩하시오. (10점)

〈 조건 〉
- 스크래치 프로그램 화면 오른편 [스크립트 영역]에 주어진 명령어 블록만을 모두 사용한다.
- 🚩 버튼을 클릭하면 말은 앞발 두 개를 들고 서 있고, 박쥐는 두 날개를 내리고 있다.
- 말을 클릭하면 말은 두 개 앞발을 내리고 '환영합니다.'라고 3초간 말한다.
- 박쥐를 클릭하면 박쥐는 날개를 올리고 '날아갑니다!'라고 3초간 말한다.

7. 상어가 바닷속을 돌아다니다가 물고기를 먹으면 에너지가 증가하고 꽃게를 먹으면 에너지가 감소하는 프로그램을 코딩하시오. (10점)

〈 조건 〉
- 스크래치 프로그램 화면 오른편 [스크립트 영역]에 주어진 명령어 블록만을 모두 사용한다.
- 무대 배경을 바닷속 배경들 중에서 하나로 지정하시오.
- 키보드의 위쪽 화살표 키를 입력하면 상어가 y 좌표로 20만큼 이동한다.
- 키보드의 아래쪽 화살표 키를 입력하면 상어가 y 좌표로 -20만큼 이동한다.
- 키보드의 오른쪽 화살표 키를 입력하면 상어가 x 좌표로 20만큼 이동한다.
- 키보드의 왼쪽 화살표 키를 입력하면 상어가 x 좌표로 -20만큼 이동한다.

- 상어가 물고기에 닿으면 에너지를 10만큼 증가시킨다.

- 물고기가 상어에 닿으면 화면에서 보이지 않는다.

- 상어가 꽃게에 닿으면 에너지를 10만큼 감소시킨다.

- 꽃게가 상어에 닿으면 화면에서 보이지 않는다.

- 에너지가 증가 또는 감소할 때마다 에너지를 2초 동안 말한다.

8. 하늘을 날아다니는 잠자리를 클릭하면 '카운트'를 1씩 증가하도록 프로그램을 코딩하시오. (10점)

〈 조건 〉

- 스크래치 프로그램 화면 오른편 [스크립트 영역]에 주어진 명령어 블록만을 모두 사용한다.

- 🚩 버튼을 클릭하면 '카운트'는 0에서 시작한다.

- 잠자리가 x 좌표 -200에서 200 사이, y 좌표 -100에 100 사이로 무작위로 이동하게 한다.

- 잠자리는 1초마다 이동한다.

- 잠자리를 클릭할 때마다 '카운트'를 1씩 증가하고 '잡았다'를 1초 동안 말한다.

9. 사바나 초원을 사자가 걸어 다니는 모습에 대한 프로그램을 코딩하시오. (10점)

〈 조건 〉

- 스크래치 프로그램 화면 오른편 [스크립트 영역]에 주어진 명령어 블록만을 모두 사용한다.

- 🚩 버튼을 클릭하면 사자가 20만큼씩 반복 이동하게 한다.

- 모양을 바꾸어 가면서 걸어가는 것처럼 보이게 한다.

- 사자는 0.2초 간격의 속도로 걸어간다.

- 사자가 벽에 닿으면 반대 방향을 바라보게 한다.

- 사자가 벽에 닿으면 반대 방향으로 걸어간다.

10. 문어가 물속을 헤엄쳐 다니는 모습에 대한 프로그램을 코딩하시오. (10점)

〈 조건 〉

- 스크래치 프로그램 화면 [블록 모음]에서 필요한 블록을 가져다 사용한다.

- 🚩 버튼을 클릭하면 문어가 x 좌표 0, y 좌표 0에 위치한다.

- 문어의 위치를 x 좌표를 -200으로 정한다.

- 문어가 x 좌표 -200에 나타나고 5만큼씩 50번 이동하는 것을 무한 반복한다.

- 키보드의 왼쪽 화살표 키를 입력하면 문어가 x 좌표 -30만큼 이동한다.

- 키보드의 오른쪽 화살표 키를 입력하면 문어가 x 좌표 30만큼 이동한다.

- 키보드의 스페이스 키를 입력하면 무대 배경을 1초마다 다음 배경으로 계속 바뀌도록 한다.

SW 코딩자격(3급)

- SOFTWARE CODING AND COMPUTING TEST -

SW	시험 시간	급수	응시일	수험번호	성명
Scratch 2.0 이상	45분	3	년 월 일		

수험자 유의사항

- 수험자는 감독관의 안내에 따라 문제지와 시험용 SW 등의 이상 여부를 확인해야 합니다.
- 시험지는 시험이 끝난 후 답안지와 함께 제출해야 하며 미제출 시 실격 처리됩니다.
- 제한된 시간 내에 시험을 완료하여야 합니다. 시험 시작 후에는 화장실 출입이 불가하며 시험 시간 중에는 퇴실할 수 없습니다.
- 시험 시간 중 고사실 내에서 휴대전화기, 디지털카메라, MP3 등 전자 기기를 소지한 경우, 해당자의 시험을 무효로 처리하오니 절대 휴대하지 않도록 합니다.
- 부정 응시 및 문제 유출에 해당하는 행위, 즉 답안을 타인에게 전달 및 외부로 반출하는 경우, 자격기본법 제32조에 의거 부정행위로 간주되어 해당자의 시험을 무효 처리하며 민/형사상의 책임을 물을 수 있습니다.

답안 작성 요령

답안 작성 절차
- 바탕 화면(Desktop) / SW3-시험 / 수험번호-성명 / 파일에 답안을 작성 또는 작업 후 저장
- 시험을 완료한 수험자는 감독관의 안내에 따라 ① 시험지를 제출하고 ② 답안 파일을 저장한 후 퇴실합니다.

한국생산성본부

1. 한별이는 학교 수학 수업 시간에 사각형의 특징에 대하여 배웠다. 〈보기〉를 참고하여 괄호를 채워서 완성하시오. (10점)

〈 보기 〉
〈 사각형의 특징 〉

- 사각형은 4개의 변을 가진다.
- 사각형은 4개의 꼭짓점을 가진다.
- 정사각형은 4개의 변의 길이와 각의 크기가 모두 같다.

〈 문제 〉
※ 답안 작성 요령: 〈보기〉를 참고하여, 빈칸 ①과 ②를 채워 넣으시오.

선생님이 한별에게 〈보기〉의 (가)~(바) 중에서 정사각형 도형을 선택하라고 하여 한별이는 (①)을 선택하였다.

또한, (가)~(바) 중에서 사각형이 아닌 도형을 선택하라고 하여 (②)를 선택하였다.

2. 승윤이는 개구리에 대한 관찰일기를 작성하기 위해 자연 생태공원을 방문하였다. 〈보기〉를 참고하여 괄호를 채워서 완성하시오. (10점)

〈 보기 〉
〈 개구리에 대한 설명 〉

- 개구리는 양서류에 속하는 동물이기 때문에 '육지와 물속' 어느 곳에서도 살 수 있다.
- 개구리는 처음에는 알을 낳는다. 알을 깬 후 어린 새끼일 때는 꼬리가 있다.
- 시간이 지나면서 점차 꼬리는 사라지고 앞다리와 뒷다리가 생겨난다. 다리의 개수는 총 '4'개이다.
- 개구리는 겨울에 겨울잠을 잔다.

〈 문제 〉
※ 답안 작성 요령: 〈보기〉를 참고하여, 빈칸 ①과 ②를 채워 넣으시오.

승윤이는 생태공원에서 개구리를 발견하였고, 다음의 관찰일기를 작성하는 중이다. 관찰일기의 괄호에 들어갈 내용을 채우시오.

◈ 승윤이의 개구리 관찰 일기 ◈

동물의 종류	서식지	물갈퀴	다리 개수	특징
개구리	(①)	있다.	(②)개	뒷다리가 앞다리 보다 길다.

3. 보현이의 취미는 세계 유명 도시의 풍경이 있는 그림 카드를 수집하는 것이다. 보현이는 오늘 그림엽서 뒷면
에 적어 놓은 도시 이름을 보면서 엽서들을 정리하고 있다. 〈보기〉를 참고하여 괄호를 채워서 완성하시오.
(10점)

〈 보기 〉	
〈 보현이의 그림엽서들 〉	〈 그림엽서 분류 기준 〉
파리 서울 뉴욕 베이징 홍콩 부산 런던 마닐라 로마 나폴리 워싱턴 상하이	- 항구 도시 - 제2의 도시 - 수도 - 국가 이름 - 중소 도시 - 동남아시아 국가

〈 문제 〉
※ 답안 작성 요령: 〈보기〉를 참고하여, 빈칸 ①과 ②를 채워 넣으시오.

- 보현이가 모은 그림엽서들을 분류 기준에 따라 특징별로 구분하였을 때 가장 많은 숫자의 그림엽서는 7개이며,

  특징은 (①)이고, 다음으로 많은 숫자의 그림엽서는 5개로 바다가 있는 도시들이다.

  바다가 있는 이런 도시들을 (②)라고 부른다.

4. 수영이는 스마트폰 앱으로 영어 단어의 뜻을 맞추기 게임을 하고 있다. 〈보기〉를 참고하여 괄호를 채워서 완성하시오. (10점)

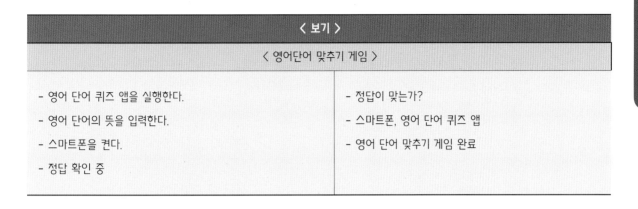

〈 보기 〉	
〈 영어단어 맞추기 게임 〉	
- 영어 단어 퀴즈 앱을 실행한다. - 영어 단어의 뜻을 입력한다. - 스마트폰을 켠다. - 정답 확인 중	- 정답이 맞는가? - 스마트폰, 영어 단어 퀴즈 앱 - 영어 단어 맞추기 게임 완료

〈 문제 〉

※ 답안 작성 요령: 〈보기〉를 참고하여 작성하되, 〈영어 단어 맞추기 게임〉에서 적절한 내용을 골라 빈칸 ①과 ②를 채워 넣으시오.

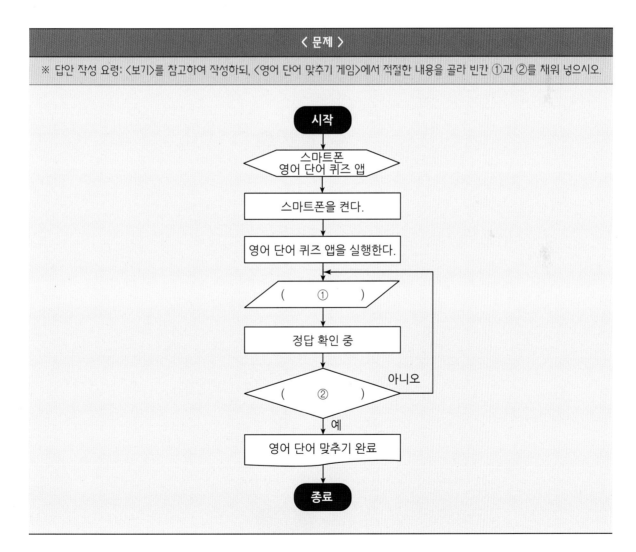

5. 은서는 친구들과 지하철을 타고 수영을 하려고 해운대해수욕장으로 가는 중이다. 〈보기〉를 참고하여 괄호를 채워서 완성하시오. (10점)

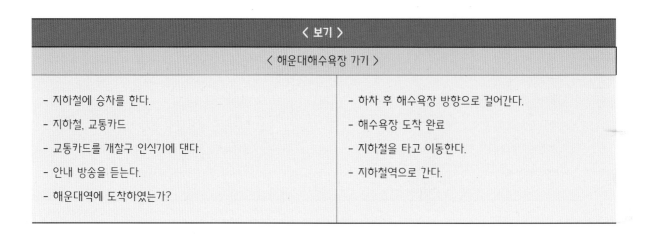

〈 보기 〉
〈 해운대해수욕장 가기 〉

- 지하철에 승차를 한다.	- 하차 후 해수욕장 방향으로 걸어간다.
- 지하철, 교통카드	- 해수욕장 도착 완료
- 교통카드를 개찰구 인식기에 댄다.	- 지하철을 타고 이동한다.
- 안내 방송을 듣는다.	- 지하철역으로 간다.
- 해운대역에 도착하였는가?	

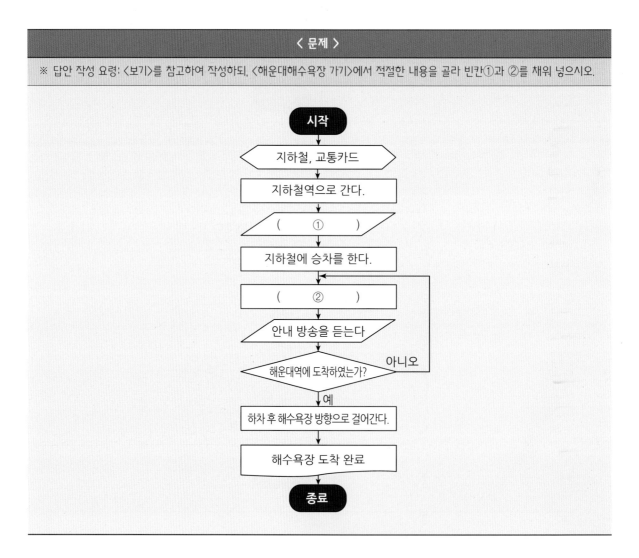

〈 문제 〉

※ 답안 작성 요령: 〈보기〉를 참고하여 작성하되, 〈해운대해수욕장 가기〉에서 적절한 내용을 골라 빈칸①과 ②를 채워 넣으시오.

시작

지하철, 교통카드

지하철역으로 간다.

(①)

지하철에 승차를 한다.

(②)

안내 방송을 듣는다

해운대역에 도착하였는가? 아니오

예

하차 후 해수욕장 방향으로 걸어간다.

해수욕장 도착 완료

종료

과목 2 기본 프로그래밍

6. 자동차가 도착 지점을 향하여 출발하도록 아래 〈조건〉에 맞게 코딩하시오. (10점)

〈 조건 〉

- 스크래치 프로그램 화면 오른편 [스크립트 영역]에 주어진 명령어 블록만을 모두 사용한다.
- 🏳 버튼을 클릭하면 자동차는 모양을 보이고 x 좌표 – 251, y 좌표 -146 위치로 이동하며 "출발 준비되었습니까?"를 묻고 기다린다.
- 만약 대답 = (예) 라면 자동차는 도착 지점으로 이동한다.
  (1) 만약 대답 = (예) 라면 자동차는 x 좌표를 20만큼 계속 반복하여 이동한다.
  (2) 자동차는 0.1초마다 다음 모양으로 계속 반복하여 바꾼다.
  (3) 만약 자동차가 도착 지점에 닿았다면 멈춘다.
- 만약 그렇지 않다면 자동차는 "아직 준비 중입니다."를 3초 동안 말한다.

7. 북극곰이 연어를 잡도록 아래 〈조건〉에 맞게 코딩하시오. (10점)

〈 조건 〉
- 스크래치 프로그램 화면 오른편 [스크립트 영역]에 주어진 명령어 블록만을 모두 사용한다. - 🏳 버튼을 클릭하면 북극곰은 "아! 배고프다!"를 말한다. - 북극곰은 연어 쪽을 보며 이동 방향으로 2만큼씩 연어에 닿을 때까지 반복하여 움직인다. - 연어는 마우스 포인터 쪽을 바라보며 마우스포인터 위치로 이동한다. - 만약 연어가 북극곰에 닿았다면 이 스크립트를 멈춘다. - 북극곰은 연어에 닿으면 "연어 잡았다!"를 2초 동안 말한다.

8. 대박마트는 무료 과일 증정을 위한 과일카드 추첨 이벤트를 실시하고 있다. 아래 〈조건〉에 맞게 코딩하시오.
(10점)

〈 조건 〉

- 스크래치 프로그램 화면 오른편 [스크립트 영역]에 주어진 명령어 블록만을 모두 사용한다.
- 🚩 버튼을 클릭하면 과일 카드가 "과일 무료 증정 이벤트 시작합니다!"를 2초 동안 말한다.
- '추첨 시작' 버튼을 클릭하면 '추첨 시작' 신호를 보낸다.
- 과일 카드는 '추첨 시작' 신호를 받으면 0.1초마다 회전하며 과일 카드가 바뀐다.
  (1) 과일 카드를 시계 방향으로 15°만큼 계속 반복하여 회전한다.
  (2) 과일 카드는 0.1초마다 다음 모양으로 계속 반복하여 바꾼다.
  (3) 키보드의 스페이스 키를 입력할 때까지 계속 반복한다.

9. 다이버가 물고기를 복제하고 전체 물고기 수에 대하여 짝/홀수를 말하도록 아래 〈조건〉에 맞게 코딩하시오.
(10점)

〈 조건 〉

- 스크래치 프로그램 화면 오른편 [스크립트 영역]에 주어진 명령어 블록만을 모두 사용한다.
- 🚩 버튼을 클릭하면 다이버는 "물고기 몇 마리 복제할까요?"를 묻고 기다리고 (대답)에 숫자를 입력하면 '물고기 복제' 신호를 보낸다. 물고기는 x 좌표 -153, y 좌표 -121 위치로 이동한다.
- '물고기 복제' 신호를 받았을 때 물고기는 자신의 복제본을 만들고 x 좌표 50만큼 바꾸며 이를 (대답)번 반복한다.
- '물고기 복제' 신호를 받았을 때 1초 기다린 후 다이버는 전체 물고기의 수가 짝수인지 홀수인지 말한다.
  (1) 만약 ((대답)+1) 나누기 2의 나머지 = 0이면 다이버는 "전체 물고기 수는 짝수입니다."를 3초 동안 말한다.
  (2) 그렇지 않으면 다이버는 "전체 물고기 수는 홀수입니다."를 3초 동안 말한다.

10. 배고픈 아기곰이 숲속에서 음식을 찾아서 먹도록 아래 〈조건〉에 맞게 코딩하시오. (10점)

〈 조건 〉

- 스크래치 프로그램 화면 [블록 모음]에서 필요한 블록을 가져다 사용한다.

- ⚑ 버튼을 클릭하면 아기곰은 x 좌표 -175 y 좌표 -62 위치로 이동한다. 꿀은 x 좌표 -68, y 좌표 41 위치로 이동하고 모양을 보이고, 사과는 x 좌표 103, y 좌표 48 위치로 이동하고 모양을 보이며, 바나나는 x 좌표 -50, y 좌표 -108 위치로 이동하고 모양을 보이고, 수박은 x 좌표 103, y 좌표 -91 위치로 이동하고 모양을 보인다.

- 아기곰은 '먹은 음식량' 변수를 0으로 정하고 '일일 권장 음식량' 변수를 2500으로 정한 다음 "배고파!"를 2초 동안 말한다.

- 음식을 클릭하면 음식이 아기곰의 위치로 이동하고 '먹은 음식량'에 해당 칼로리만큼 더한다.

  (1) 꿀을 클릭하면 꿀은 '먹은 음식량'를 1500을 바꾸고 아기곰 위치로 이동한 후 모양을 숨기고 '먹었다' 신호를 보낸다.

  (2) 사과를 클릭하면 사과는 '먹은 음식량'을 600만큼 바꾸고 아기곰 위치로 이동한 후 모양을 숨기고 '먹었다' 신호를 보낸다.

  (3) 바나나를 클릭하면 바나나는 '먹은 음식량'을 700만큼 바꾸고 아기곰 위치로 이동한 후 모양을 숨기고 '먹었다'를 신호를 보낸다.

  (4) 수박을 클릭하면 수박은 '먹은 음식량'을 500만큼 바꾸고 아기곰 위치로 이동한 후 모양을 숨기고 '먹었다' 신호를 보낸다.

- '먹었다' 신호를 받으면 아기곰이 말한다.

  (1) 아기곰은 '먹었다' 신호를 받았을 때 만약 '일일 권장 음식량' < '먹은 음식량'이라면 "아! 배불러"를 2초 동안 말하고 모든 스크립트를 멈춘다.

  (2) 그렇지 않다면 아기곰은 "더 먹을래"를 2초 동안 말한다.

※ 시험 종료 전

- 본인의 수험번호 – 성명 폴더 내에 작업한 답안 파일이 정상적으로 저장되었는지 확인합니다.

  → 시험 종료 후, 감독관이 답안 파일을 수거합니다.

- 수험번호, 성명을 잘못 기재하였거나, 답안 파일을 잘못 저장하여 발생한 문제나 불이익에 대한 일체의 책임은 수험자에게 있습니다.

- 감독관의 안내에 따라 시험지를 제출하고 퇴실합니다.

SCRATCH

PART VI

SW 코딩자격 3급
최신 기출문제 유형

SW 코딩자격(3급)

- SOFTWARE CODING AND COMPUTING TEST -

SW	시험 시간	급수	응시일	수험번호	성명
Scratch 2.0 이상	45분	3	년 월 일		

수험자 유의사항

- 수험자는 감독관의 안내에 따라 문제지와 시험용 SW 등의 이상 여부를 확인해야 합니다.
- 시험지는 시험이 끝난 후 답안지와 함께 제출해야 하며 미제출 시 실격 처리됩니다.
- 제한된 시간 내에 시험을 완료하여야 합니다. 시험 시작 후에는 화장실 출입이 불가하며 시험 시간 중에는 퇴실할 수 없습니다.
- 시험 시간 중 고사실 내에서 휴대전화기, 디지털카메라, MP3 등 전자 기기를 소지한 경우, 해당자의 시험을 무효로 처리하오니 절대 휴대하지 않도록 합니다.
- 부정 응시 및 문제 유출에 해당하는 행위, 즉 답안을 타인에게 전달 및 외부로 반출하는 경우, 자격기본법 제32조에 의거 부정행위로 간주되어 해당자의 시험을 무효 처리하며 민/형사상의 책임을 물을 수 있습니다.

답안 작성 요령

답안 작성 절차
- 바탕 화면(Desktop) / SW3-시험 / 수험번호-성명 / 파일에 답안을 작성 또는 작업 후 저장
- 시험을 완료한 수험자는 감독관의 안내에 따라 ① 시험지를 제출하고 ② 답안 파일을 저장한 후 퇴실합니다.

한국생산성본부

1. 한솔이는 이번 주에 열리는 유명 아이돌 스타 그룹들의 공연을 보러 가려고 한다. 〈보기〉를 참고하여 괄호를 채워서 완성하시오. (10점)

〈 보기 〉

〈 한솔이 스케줄표 〉

시간	월	화	수	목	금	토	일
9:00				숙제			
10:00			피아노 레슨			멘토링	
11:00	수학 과외				봉사 활동		시골 할머니 댁 방문
12:00							
1:00		심부름	과학교실				
2:00	영어 과외			곤충 채집			
3:00						수련회	
4:00		학원숙제					
5:00							

〈 아이돌 스타 그룹들 공연 스케줄표 〉

시간	월	화	수	목	금	토	일
9:00	공연 없음						
10:00		공연 없음	공연 없음		공연 없음	공연 없음	
11:00	트와이스			공연 없음			BTS
12:00							
1:00		엑소			트와이스		
2:00	BTS					나인뮤지스	
3:00		워너원	에이핑크	나인뮤지스	엑소		에이핑크
4:00							
5:00							

〈 문제 〉

※ 답안 작성 요령: 〈보기〉를 참고하여, 빈칸 ①과 ②를 채워 넣으시오.

한솔이는 이번 주에 (①) 그룹의 공연을 (②)요일에 볼 수 있을 것이다.

2. 소미는 다양한 종류의 도형 모양을 그리는 것을 좋아한다. 〈보기〉를 참고하여 괄호를 채워서 완성하시오. (10점)

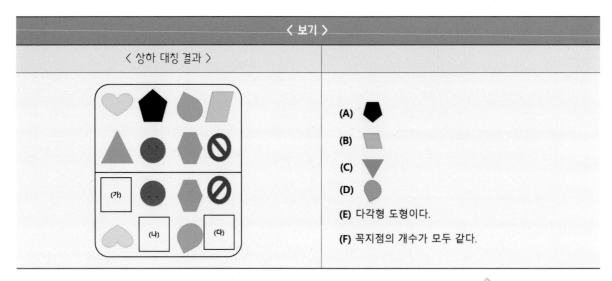

〈 보기 〉	
〈 상하 대칭 결과 〉	**(A)** ⬛ **(B)** ▱ **(C)** ▽ **(D)** ⬤ **(E)** 다각형 도형이다. **(F)** 꼭지점의 개수가 모두 같다.

〈 문제 〉	
※ 답안 작성 요령: 〈보기〉를 참고하여, 빈칸 ①과 ②를 채워 넣으시오.	
〈문제〉 위의 〈보기〉에서 상하 대칭 결과 그림에서 (A)~(F) 중에서 (다)에 들어갈 모양은 무엇인가?	〈문제〉 위의 〈보기〉에서 (A)~(F) 중에서 (가), (나), (다)에 공통으로 들어갈 특성은 무엇인가?
(①)	(②)

3. 연지가 좋아하는 아이템들에 대한 목록이다. 〈보기〉를 참고하여 괄호를 채워서 완성하시오. (10점)

〈 보기 〉	
〈 연지가 좋아하는 아이템 목록들 〉 사인펜 샤프 컬러 사인펜 볼펜 햄스터 고양이	**〈 추상화 〉** – 문제 해결을 위해 불필요한 부분은 없애고 꼭 필요한 부분을 기준으로 단순하게 표현하는 것 **〈 분류 기준 〉** – 동물 – 필기도구 – 식물 – 음식 – 장난감

〈 문제 〉
※ 답안 작성 요령: 〈보기〉를 참고하여 빈칸 ①과 ②를 채워 넣으시오.
연지가 좋아하는 아이템 목록들을 〈분류 기준〉에 따라 분류를 하면 (①)과(와) (②)로 나눌 수 있다.

4. 소영이는 청소를 하려고 한다. 〈보기〉를 참고하여 괄호를 채워서 완성하시오. (10점)

〈 보기 〉
〈 청소하기 〉

– 청소기를 돌린다.	– 걸레를 빤다.
– 걸레를 건조대에 걸어둔다.	– 청소 끝
– 청소기, 걸레	– 바닥을 걸레로 닦는다.

〈 문제 〉
※ 답안 작성 요령: 〈보기〉를 참고하여 작성하되 〈청소하기〉에서 적절한 내용을 빈칸 ①과 ②를 채워 넣으시오.

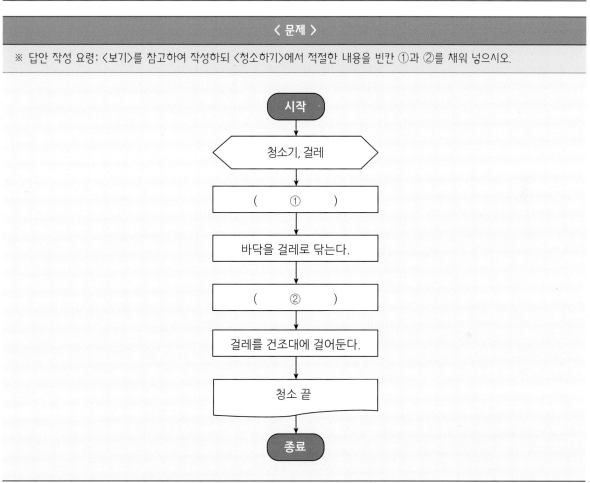

5. 아리는 10개의 서로 다른 색상의 컬러 공들이 들어 있는 주머니 속에서 빨간색 공을 뽑으려고 한다. 〈보기〉
를 참고하여 〈문제〉의 빈칸을 완성하시오. (10점)

〈 보기 〉

〈 주머니에서 빨간색 공 뽑기 〉

- 빈 주머니에 모든 공을 넣는다. - 주머니에서 공 1개를 꺼낸다. - 컬러 공 10개, 빈 주머니	- 뽑힌 공이 빨간색인가? - 빨간색 공 뽑기 완료 - '야호! 빨간색 공이다!'를 외친다.

〈 문제 〉

※ 답안 작성 요령: 〈보기〉를 참고하여 작성하되 〈주머니에서 빨간색 공 뽑기〉에서 적절한 내용을 골라 빈칸 ①과 ②를 채워 넣으시오.

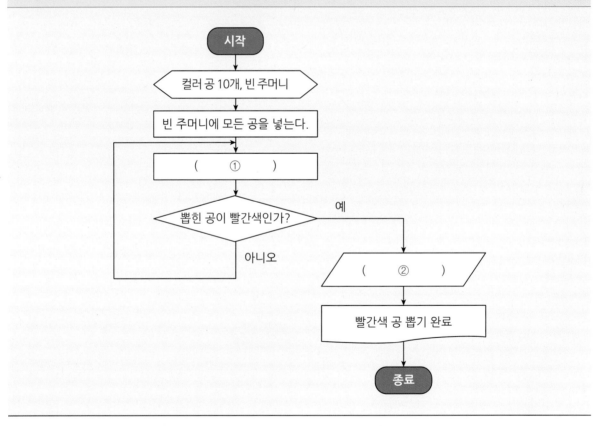

※ 프로그래밍 작업 가이드

– 바탕 화면(Desktop) / SW3 – 시험

– 수험번호 – 성명 폴더를 마우스 오른쪽 버튼으로 클릭한 후,
  [이름 바꾸기]를 클릭 → 본인의 수험번호 – 성명으로 수정하시오.

– 본인의 수험번호 – 성명으로 수정된 폴더 안의 파일을 문항별로 더블클릭하여 프로그램을 실행합니다.

– 문항별 조건에 따라 작업을 완료하였으면, 〈파일〉 저장하기 버튼을 클릭하여 저장합니다.

---

6. 꽃게가 백사장 위에서 움직이도록 조정하려고 한다. 아래 〈조건〉에 맞게 코딩하시오. (10점)

〈 조건 〉

– 스크래치 프로그램 화면 오른편 [스크립트 영역]에 주어진 명령어 블록만을 모두 사용한다.

– ⚑ 버튼을 클릭하면 꽃게는 투명도 효과를 20만큼 바꾼다.

– 키보드 위쪽 화살표 키를 입력하면 꽃게의 y 좌표를 10만큼씩 이동한다.

– 키보드 아래쪽 화살표 키를 입력하면 꽃게의 y 좌표를 -10만큼씩 이동한다.

– 키보드 오른쪽 화살표 키를 입력하면 꽃게의 x 좌표를 10만큼씩 이동한다.

– 키보드 왼쪽 화살표 키를 입력하면 꽃게의 x 좌표를 -10만큼씩 이동한다.

---

7. 하늘에 도장 찍기를 사용하여 풍선을 여러 개 띄울 수 있도록 아래 〈조건〉에 맞게 코딩하시오. (10점)

〈 조건 〉

– 스크래치 프로그램 화면 오른편 [스크립트 영역]에 주어진 명령어 블록만을 모두 사용한다.

– ⚑ 버튼을 클릭하면 풍선이 마우스 포인터를 따라 이동한다.

– 마우스를 클릭할 때마다 그 자리에 풍선이 찍힌다.

– 키보드의 아래쪽 화살표 키를 입력하면 크기가 5만큼 작아진다.

– 키보드의 위쪽 화살표 키를 입력하면 크기가 5만큼 커진다.

8. 야구선수 타자가 타석에서 스윙을 할 수 있도록 아래 〈조건〉에 맞게 코딩하시오. (10점)

〈 조건 〉

- 스크래치 프로그램 화면 오른편 [스크립트 영역]에 주어진 명령어 블록만을 모두 사용한다.
- 🏳 버튼을 클릭하면 타자가 스윙을 하기 시작한다.
- 모양 바꾸기를 활용하여 타자의 움직임을 표현한다.
- 타자가 0.5초 간격으로 스윙 동작을 반복하도록 표현한다.
- 횟수 변수를 생성하고 스윙을 할 때마다 횟수를 1씩 증가시킨다.
- 횟수가 10이 되면 스윙하기를 멈춘다.
- 🏳 버튼을 다시 클릭하면 '횟수' 변수를 0으로 초기화한다.

9. 사막여우를 클릭하면 '클릭 횟수'가 1씩 증가하도록 아래 〈조건〉에 맞게 코딩하시오. (10점)

〈 조건 〉

- 스크래치 프로그램 화면 오른편 [스크립트 영역]에 주어진 명령어 블록만을 모두 사용한다.
- 🏳 버튼을 클릭하면 '클릭 횟수'는 0에서 시작한다.
- 사막여우의 x 좌표 -220에서 220까지, y 좌표 -100에서 100까지 무작위로 이동하도록 한다.
- 여우를 1초마다 이동하도록 한다.
- 여우를 클릭할 때마다 '클릭 횟수'를 1씩 증가한다.

10. 현수와 유진이가 대화를 하도록 아래 〈조건〉에 맞게 코딩하시오. (10점)

〈 조건 〉

- 스크래치 프로그램 화면 [블록 모음]에서 필요한 블록을 가져다 사용한다.
- 🏳 버튼을 클릭하면 유진은 항상 x 좌표 193, y 좌표 -71에 위치한다.
- 🏳 버튼을 클릭하면 현수가 "유진아, 이야기 좀 할까?"를 2초 동안 말한다.
- 유진이가 2초를 기다린 후 "그래, 현수야"를 1초 동안 말한다.
- 1초를 기다린 후 현수 방향으로 0.1초 간격으로 -10만큼씩 30번 반복하여 걷는 모양으로 이동한다.
- 현수 앞에 다다르면 "말해 봐~"라고 4초 동안 말한다.

※ 시험 종료 전

- 본인의 수험번호 – 성명 폴더 내에 작업한 답안 파일이 정상적으로 저장되었는지 확인합니다.
  → 시험 종료 후, 감독관이 답안 파일을 수거합니다.
- 수험번호, 성명을 잘못 기재하였거나, 답안 파일을 잘못 저장하여 발생한 문제나 불이익에 대한 일체의 책임은 수험자에게 있습니다.
- 감독관의 안내에 따라 시험지를 제출하고 퇴실합니다.

CHAPTER 02 최신 기출문제 유형 2회

SW 코딩자격(3급)

- SOFTWARE CODING AND COMPUTING TEST -

SW	시험 시간	급수	응시일	수험번호	성명
Scratch 2.0 이상	45분	3	년 월 일		

수험자 유의사항

- 수험자는 감독관의 안내에 따라 문제지와 시험용 SW 등의 이상 여부를 확인해야 합니다.
- 시험지는 시험이 끝난 후 답안지와 함께 제출해야 하며 미제출 시 실격 처리됩니다.
- 제한된 시간 내에 시험을 완료하여야 합니다. 시험 시작 후에는 화장실 출입이 불가하며 시험 시간 중에는 퇴실할 수 없습니다.
- 시험 시간 중 고사실 내에서 휴대전화기, 디지털카메라, MP3 등 전자 기기를 소지한 경우, 해당자의 시험을 무효로 처리하오니 절대 휴대하지 않도록 합니다.
- 부정 응시 및 문제 유출에 해당하는 행위, 즉 답안을 타인에게 전달 및 외부로 반출하는 경우, 자격기본법 제32조에 의거 부정행위로 간주되어 해당자의 시험을 무효 처리하며 민/형사상의 책임을 물을 수 있습니다.

답안 작성 요령

답안 작성 절차
- 바탕 화면(Desktop) / SW3-시험 / 수험번호-성명 / 파일에 답안을 작성 또는 작업 후 저장
- 시험을 완료한 수험자는 감독관의 안내에 따라 ① 시험지를 제출하고 ② 답안 파일을 저장한 후 퇴실합니다.

한국생산성본부

1. 선아는 선아네 반 아이들이 가장 좋아하는 과일을 조사하였다. 〈보기〉를 참고하여 〈문제〉의 빈칸을 완성시오. (10점)

〈 보기 〉

〈 선아가 조사한 자료 〉					
이혜지	사과	안수진	딸기	이영진	키위
윤민아	딸기	최나리	바나나	정다빈	딸기
소유미	사과	박한별	키위	김새롬	키위
전지훈	바나나	우소리	딸기	양하진	딸기
이영민	사과	한아름	키위	오하민	사과
최정민	바나나	송찬	키위	최영준	딸기

〈 문제 〉

※ 답안 작성 요령: 〈보기〉를 참고하여, 빈칸 ①과 ②를 채워 넣으시오.

선아는 조사한 자료를 정리하기 위해 통계표를 작성하였다.

스포츠		인원수
사과		(①)명
딸기		(6)명
키위		(②)명
바나나		(3)명

2. 영재는 낱말 퍼즐 맞추기 카드의 내용을 이용하여 2진수를 표현하고자 한다. 〈보기〉를 참고하여 〈문제〉의 빈칸을 완성하시오. (10점)

〈 보기 〉	
〈 낱말 퍼즐 카드 〉	〈 카드의 2진수 표현 규칙 〉

<table>
<tr><td>오</td><td></td><td></td><td>용</td><td></td></tr>
<tr><td>이</td><td>삭</td><td>줍</td><td>기</td><td></td></tr>
<tr><td></td><td>정</td><td></td><td></td><td>송</td></tr>
<tr><td></td><td>이</td><td>발</td><td></td><td>사</td></tr>
<tr><td>장</td><td></td><td>소</td><td></td><td>리</td></tr>
<tr><td>미</td><td>나</td><td>리</td><td></td><td></td></tr>
</table>

- 첫 번째 줄 왼쪽 칸에서부터 오른쪽 칸으로 순서대로 이동하면서 한 줄씩 읽기를 한다.
- 특정 칸에 글자가 있으면 숫자 1, 글자가 없으면 숫자 0으로 표현하시오.

〈 문제 〉

※ 답안 작성 요령: 〈보기〉를 참고하여, 빈칸 ①과 ②를 채워 넣으시오.

영재는 낱말 퍼즐 카드를 숫자로 표현하였다.

〈 카드에 대한 2진수 표현 결과 〉

1	0	0	1	0
1	1	1	1	0
0	1	0	0	1
0	1	1	0	1
1	(①)	1	0	1
1	1	(②)	0	0

3. 유행에 관심이 많은 은비는 올봄에 유행할 액세서리에 관한 인터넷 기사를 읽으면서, 엄마의 부탁으로 엄마가 모아 놓은 액세서리를 정리하고 있다. 〈보기〉를 참고하여 〈문제〉의 빈칸을 완성하시오. (10점)

〈 보기 〉	
〈 인터넷 기사의 일부 〉	〈 은비네 엄마가 가진 액세서리들 〉
올봄에 유행하는 액세서리는 길이가 긴 형태의 귀걸이 종류들이다.	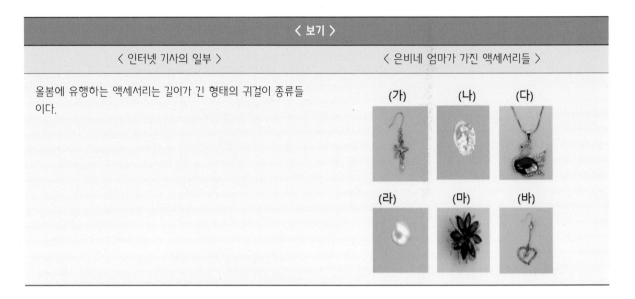

〈 문제 〉
※ 답안 작성 요령: 〈보기〉를 참고하여 (가)~(바) 중에 골라 빈칸 ①과 ②를 채워 넣으시오.
인터넷 기사를 살펴보았을 때 은비 엄마가 가진 액세서리들 중에서 (가)~(바) 중 올봄에 유행할 액세서리는 무엇인가? (①)과 (②)이다.

4. 윤성이는 스마트폰 앱으로 게임을 하려고 한다. 〈보기〉를 참고하여 〈문제〉의 빈칸을 완성하시오. (10점)

〈 보기 〉
〈 스마트폰 앱 게임하기 〉

– 게임하기 끝	– 게임 앱을 실행한다.
– 스마트폰	– 게임 앱을 검색한다.
– 게임을 한다.	– 스마트폰을 켠다.

〈 문제 〉

※ 답안 작성 요령: 〈보기〉를 참고하여 작성하되 〈스마트폰 앱 게임하기〉에서 적절한 내용을 골라 빈칸 ①과 ②를 채워 넣으시오.

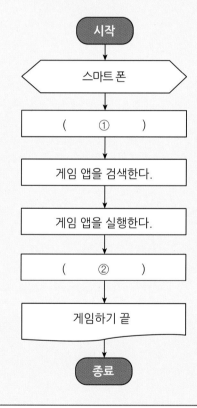

5. 해준이는 편의점으로 과자를 사러 가려고 한다. 〈보기〉를 참고하여 〈문제〉의 빈칸을 완성하시오. (10점)

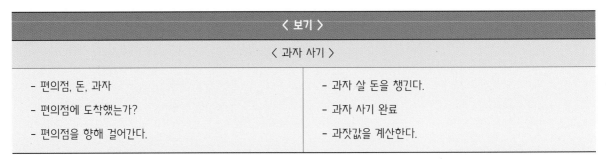

〈 보기 〉
〈 과자 사기 〉

– 편의점, 돈, 과자	– 과자 살 돈을 챙긴다.
– 편의점에 도착했는가?	– 과자 사기 완료
– 편의점을 향해 걸어간다.	– 과잣값을 계산한다.

〈 문제 〉
※ 답안 작성 요령 : 〈보기〉를 참고하여 작성하되 〈과자 사기〉에서 적절한 내용을 골라 빈칸 ①과 ②를 채워 넣으시오.

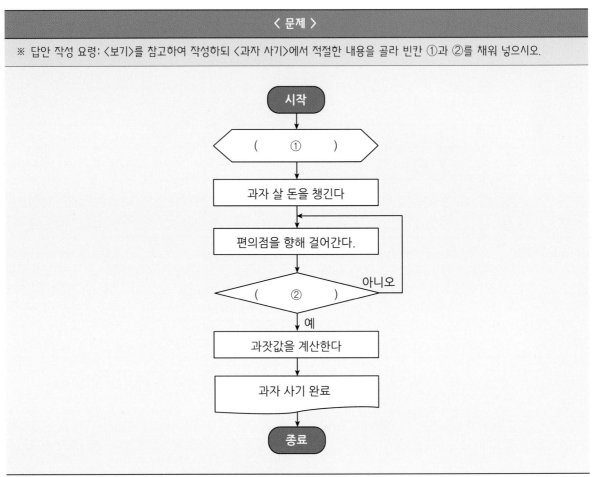

※ 프로그래밍 작업 가이드

- 바탕 화면(Desktop) / SW3 – 시험
- 수험번호 – 성명 폴더를 마우스 오른쪽 버튼으로 클릭한 후,
  [이름 바꾸기]를 클릭 → 본인의 수험번호 – 성명으로 수정하시오.
- 본인의 수험번호 – 성명으로 수정된 폴더 안의 파일을 문항별로 더블클릭하여 프로그램을 실행합니다.
- 문항별 조건에 따라 작업을 완료하였으면, 〈파일〉 저장하기 버튼을 클릭하여 저장합니다.

6. 자동차가 도로 위를 이동하다가 차단기를 만나면 차단기가 열리도록 아래 〈조건〉에 맞게 코딩하시오. (10점)

〈 조건 〉

- 스크래치 프로그램 화면 오른편 [스크립트 영역]에 주어진 명령어 블록만을 모두 사용한다.
- 🏳 버튼을 클릭하면 자동차가 x 좌표 -170, y 좌표 –100에 위치, 차단기는 x 좌표 210, y 좌표 0으로 이동한다.
- 모양 바꾸기를 활용하여 자동차 색상이 바뀌는 것을 보이도록 한다.
- 자동차가 0.5초 간격으로 이동한다.
- 자동차 x 좌표 10만큼씩 반복 이동하도록 한다.
- 자동차가 차단기에 닿으면 '차단기 열림' 신호를 보낸다.
- 차단기가 '차단기 열림' 신호를 받으면 차단기가 아래에서 위로 100만큼 움직인다.

7. 초원에서 기린이 돌아다니도록 아래 〈조건〉에 맞게 코딩하시오. (10점)

〈 조건 〉

- 스크래치 프로그램 화면 오른편 [스크립트 영역]에 주어진 명령어 블록만을 모두 사용한다.
- 🏳 버튼을 클릭하면 기린이 10만큼씩 반복 이동하도록 한다.
- 키보드 스페이스 키를 입력했을 때 (1)~(4)까지의 동작이 이어지도록 한다.
  (1) '기린2' 모양으로 바꾼다.
  (2) 기린이 y 좌표 5만큼씩 10번 반복 이동하도록 한다.
  (3) 기린이 y 좌표 -5만큼씩 10번 반복 이동하도록 한다.
  (4) 다시 '기린1' 모양으로 바꾼다.

8. 우주인이 우주선을 탈 수 있도록 아래 〈조건〉에 맞게 코딩하시오. (10점)

〈 조건 〉

- 스크래치 프로그램 화면 오른편 [스크립트 영역]에 주어진 명령어 블록만을 모두 사용한다.
- ⚑ 버튼을 클릭하면 우주선은 x 좌표 300, y 좌표 -45에 위치한다.
- 우주선이 x 좌표 5만큼씩 반복 이동하도록 한다.
- 우주선이 행성에 닿으면 '도킹하라~~~' 신호를 보내도록 한다.
- 우주선과 우주인까지의 거리가 120보다 작으면 모두 멈추도록 한다.
- '도킹하라~~~' 신호를 받았을 때 우주인은 '도킹 시작~~'이라고 1초 동안 말한다.

9. 학생이 등교하여 교실로 들어가도록 아래 〈조건〉에 맞게 코딩하시오. (10점)

〈 조건 〉

- 스크래치 프로그램 화면 오른편 [스크립트 영역]에 주어진 명령어 블록만을 모두 사용한다.
- ⚑ 버튼을 클릭하면 배경을 '학교'로 하고 학생이 x 좌표 -200, y 좌표 -90 위치에서 작동을 시작한다.
- 등교하는 학생이 10만큼씩 20번 반복 이동하도록 한다.
- 등교하는 학생이 현관 손잡이에 닿으면 배경을 '교실'로 바꾸도록 한다.
- 현관 손잡이가 학생에게 닿으면 화면에 보이지 않도록 한다.
- ⚑ 버튼을 클릭했을 때 현관 손잡이가 화면에 보이도록 초기화한다.
- 등교하는 학생이 교실에 들어오면서 '안녕!'이라고 2초 동안 말한다.

10. 얼룩말이 어두운 밤에 숲속을 계속 걸어 다니도록 아래 〈조건〉에 맞게 코딩하시오. (10점)

〈 조건 〉

- 스크래치 프로그램 화면 [블록 모음]에서 필요한 블록을 가져다 사용한다.
- ⚑ 버튼을 클릭하면 얼룩말이 10만큼씩 이동하도록 한다.
- 얼룩말이 모양을 바꾸면서 0.1초 간격으로 걷도록 한다.
- 얼룩말이 벽에 닿으면 반대 방향을 바라본다.
- 얼룩말이 벽에 닿으면 반대 방향으로 이동한다.

※ 시험 종료 전

- 본인의 수험번호 – 성명 폴더 내에 작업한 답안 파일이 정상적으로 저장되었는지 확인합니다.
  → 시험 종료 후, 감독관이 답안 파일을 수거합니다.
- 수험번호, 성명을 잘못 기재하였거나, 답안 파일을 잘못 저장하여 발생한 문제나 불이익에 대한 일체의 책임은 수험자에게 있습니다.
- 감독관의 안내에 따라 시험지를 제출하고 퇴실합니다.

CHAPTER 03

최신 기출문제 유형 3회

SW 코딩자격(3급)

- SOFTWARE CODING AND COMPUTING TEST -

SW	시험 시간	급수	응시일	수험번호	성명
Scratch 2.0 이상	45분	3	년 월 일		

수험자 유의사항

- 수험자는 감독관의 안내에 따라 문제지와 시험용 SW 등의 이상 여부를 확인해야 합니다.
- 시험지는 시험이 끝난 후 답안지와 함께 제출해야 하며 미제출 시 실격 처리됩니다.
- 제한된 시간 내에 시험을 완료하여야 합니다. 시험 시작 후에는 화장실 출입이 불가하며 시험 시간 중에는 퇴실할 수 없습니다.
- 시험 시간 중 고사실 내에서 휴대전화기, 디지털카메라, MP3 등 전자 기기를 소지한 경우, 해당자의 시험을 무효로 처리하오니 절대 휴대하지 않도록 합니다.
- 부정 응시 및 문제 유출에 해당하는 행위, 즉 답안을 타인에게 전달 및 외부로 반출하는 경우, 자격기본법 제32조에 의거 부정행위로 간주되어 해당자의 시험을 무효 처리하며 민/형사상의 책임을 물을 수 있습니다.

답안 작성 요령

답안 작성 절차
- 바탕 화면(Desktop) / SW3-시험 / 수험번호-성명 / 파일에 답안을 작성 또는 작업 후 저장
- 시험을 완료한 수험자는 감독관의 안내에 따라 ① 시험지를 제출하고 ② 답안 파일을 저장한 후 퇴실합니다.

한국생산성본부

1. 채린이가 가지고 있는 전구는 일정한 순서로 색상이 계속 변한다. 〈보기〉를 참고하여 〈문제〉의 빈칸을 완성하시오. (10점)

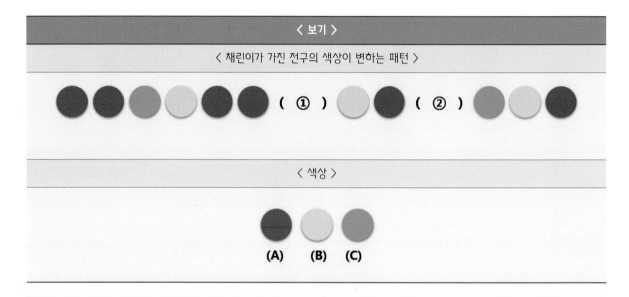

〈 보기 〉

〈 채린이가 가진 전구의 색상이 변하는 패턴 〉

〈 색상 〉

(A) (B) (C)

〈 문제 〉

※ 답안 작성 요령: 〈보기〉를 참고하여, 빈칸 ①과 ②를 채워 넣으시오.

- 채린이는 전구의 색상이 바뀌는 패턴에 규칙성이 있다는 것을 발견하였다. 채린이가 발견한 규칙성에 따라 (A)~(C) 중에서 색상을 선택하면 (①)과 (②)가 된다.

2. 소진이는 오늘 학교에서 여러 가지 교통수단들에 대해 배웠다. 〈보기〉를 참고하여 〈문제〉의 빈칸을 완성하시오. (10점)

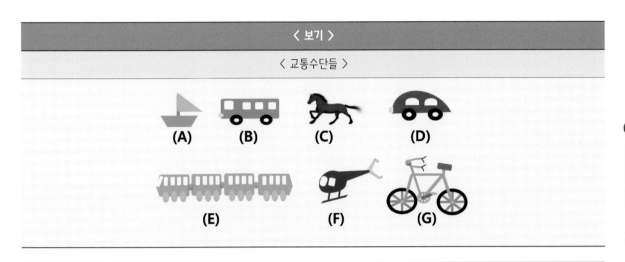

〈 보기 〉

〈 교통수단들 〉

(A) (B) (C) (D)

(E) (F) (G)

〈 문제 〉

※ 답안 작성 요령: 〈보기〉를 참고하여 빈칸 ①과 ②를 채워 넣으시오.

- 〈보기〉의 (A)~(G) 중에서 육지에서 사용할 수 있는 교통수단이 아닌 것은? (①)과 (②)이다.

3. 민설이는 지훈이와 동물 이름 맞추기 게임을 하고 있다. 민설이는 코끼리에 대한 설명을 지훈이에게 하고 있다. 〈보기〉를 참고하여 〈문제〉의 빈칸을 완성하시오. (10점)

〈 보기 〉

〈 민설이와 지훈이의 대화 〉

민설: 지훈아! 지금부터 내가 설명하는 내용을 잘 듣고 어떤 동물에 대해 설명하는지
     알아맞혀 봐!
지훈: 응! 알았어, 민설아.

다음은 민설이가 설명한 내용이다.
  (A) 이것을 사람이 먹을 수는 없어.
  (B) 이것은 코가 아주 길어.
  (C) 이것은 하늘을 날지는 못해.
  (D) 이것은 물속에 살지는 않아.
  (E) 이것은 몸집이 아주 큰 편에 속하는 초식동물이야.

〈 문제 〉

※ 답안 작성 요령: 〈보기〉를 참고하여 빈칸 ①과 ②를 채워 넣으시오.

- 이 동물에 대한 설명에서 가장 중요한 특징 2가지를 〈보기〉 (A)~(E) 중에서 선택한다면, (①)과 (②)여야 한다.

4. 한나는 10개의 과일을 깨끗이 씻은 다음 바구니에 담으려고 한다. 〈보기〉를 참고하여 〈문제〉의 빈칸을 완성하시오. (10점)

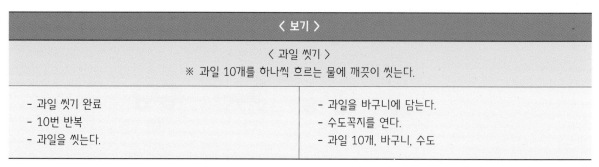

〈 보기 〉
〈 과일 씻기 〉 ※ 과일 10개를 하나씩 흐르는 물에 깨끗이 씻는다.

- 과일 씻기 완료 - 10번 반복 - 과일을 씻는다.	- 과일을 바구니에 담는다. - 수도꼭지를 연다. - 과일 10개, 바구니, 수도

〈 문제 〉
※ 답안 작성 요령: 〈보기〉를 참고하여 작성하되 〈과일 씻기〉에서 적절한 내용을 골라 빈칸 ①과 ②를 채워 넣으시오.

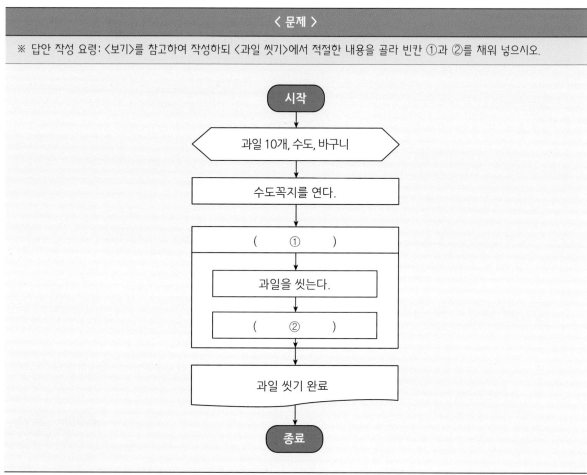

5. 채영이는 몰티즈 견 똘똘이를 키우고 있다. 채영이는 똘똘이의 건강 상태를 알아보기 위해 몸무게를 이용하여 비만 정도를 알아보려고 한다. 〈보기〉를 참고하여 〈문제〉의 빈칸을 완성하시오. (10점)

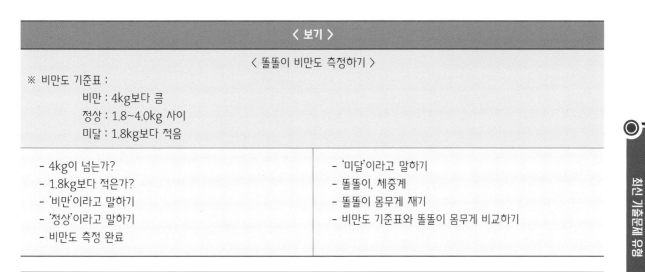

〈 보기 〉

〈 똘똘이 비만도 측정하기 〉

※ 비만도 기준표 :
　　비만 : 4kg보다 큼
　　정상 : 1.8~4.0kg 사이
　　미달 : 1.8kg보다 적음

- 4kg이 넘는가?	- '미달'이라고 말하기
- 1.8kg보다 적은가?	- 똘똘이, 체중계
- '비만'이라고 말하기	- 똘똘이 몸무게 재기
- '정상'이라고 말하기	- 비만도 기준표와 똘똘이 몸무게 비교하기
- 비만도 측정 완료	

〈 문제 〉

※ 답안 작성 요령: 〈보기〉를 참고하여 작성하되, 〈똘똘이 비만도 측정하기〉로 원하는 정보 찾기에서 적절한 내용을 골라 빈칸
　　①과 ②를 채워 넣으시오.

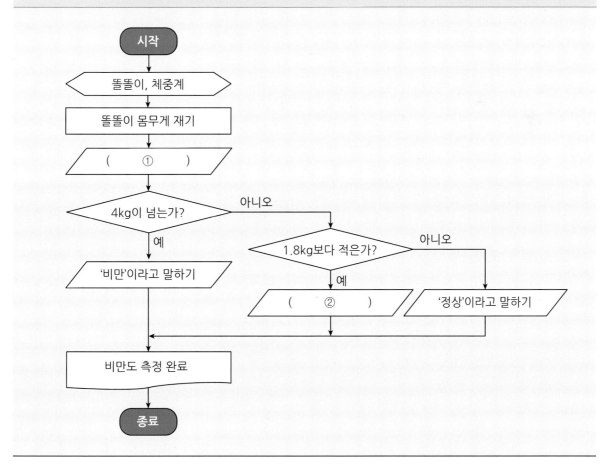

---

6. 원숭이를 클릭하면 '클릭 횟수'가 1씩 증가하도록 아래 〈조건〉에 맞게 코딩하시오. (10점)

〈 조건 〉

 - 스크래치 프로그램 화면 오른편 [스크립트 영역]에 주어진 명령어 블록만을 모두 사용한다.
 - 🏳 버튼을 클릭하면 '클릭 횟수'는 0에서 시작한다.
 - 원숭이 x 좌표 -220에서 220까지, y 좌표 -100에서 100까지 무작위로 이동하도록 한다.
 - 원숭이 1초마다 이동하도록 한다.
 - 원숭이 클릭할 때마다 '클릭 횟수'가 1씩 증가한다.

7. 비둘기가 하늘을 날도록 아래 〈조건〉에 맞게 코딩하시오. (10점)

〈 조건 〉

 - 스크래치 프로그램 화면 오른편 [스크립트 영역]에 주어진 명령어 블록만을 모두 사용한다.
 - 🏳 버튼을 클릭하면 비둘기가 x 좌표 0, y 좌표 0에 위치한다.
 - 키보드의 스페이스 키를 입력하면 무대의 배경을 1초마다 다음 배경으로 계속 바꾸도록 한다.
 - 구름의 위치를 x 좌표 260으로 정한다.
 - 구름 스프라이트를 클릭하면 구름을 x 좌표 -5만큼씩 100번 이동하도록 한다.
 - 구름이 x 좌표 260에서 나타나고 -5만큼씩 100번 이동하는 것을 무한 반복한다.
 - 키보드의 오른쪽 화살표 키를 입력하면 비둘기가 x 좌표 10만큼씩 이동한다.
 - 키보드의 왼쪽 화살표 키를 입력하면 비둘기가 x 좌표 -10만큼씩 이동한다.

8. 농장에 있는 암탉이 회전하는 속도를 조절할 수 있도록 아래 〈조건〉에 맞게 움직이도록 코딩하시오. (10점)

〈 조건 〉

- 스크래치 프로그램 화면 오른편 [스크립트 영역]에 주어진 명령어 블록만을 모두 사용한다.
- 🏳 버튼을 클릭하면 암탉의 투명도 효과를 50으로 정한다.
- '정지' 버튼을 클릭하면 '정지' 신호를 보낸다.
- '느림' 버튼을 클릭하면 '느리게' 신호를 보낸다.
- '빠름' 버튼을 클릭하면 '빠르게' 신호를 보낸다.
- '암탉'은 '정지' 신호를 받으면 작동이 멈춘다.
- '느리게' 신호를 받으면 작동을 멈춘 후, 30도 회전을 0.1초 간격으로 천천히 계속한다.
- '빠르게' 신호를 받으면 작동을 멈춘 후 30도 회전을 계속한다.

9. 더하기 문제를 내고 대답에 따라 맞는지 틀리는지를 알려주도록 아래 〈조건〉에 맞게 코딩하시오. (10점)

〈 조건 〉

- 스크래치 프로그램 화면 오른편 [스크립트 영역]에 주어진 명령어 블록만을 모두 사용한다.
- 🏳 버튼을 클릭하면 스프라이트는 '사람1'모양으로 시작한다.
- '수1' 변수를 0부터 100까지의 난수로 정한다.
- '수2' 변수를 0부터 100까지의 난수로 정한다.
- '결과' 변수에 '수1' 변숫값과 '수2' 변숫값을 더한 결과를 표시한다.
- '답은 얼마일까?'를 묻고 기다린다.
- 만약 '결과' 변수의 값과 대답이 같다면 모양을 '사람2'로 바꾸고 '맞았습니다.'를 2초간 말한 후 다시 '사람1' 모양으로 바꾼다.
- 만약 정답 변수의 값과 대답이 다르다면 모양을 '사람2'로 바꾸고 '틀렸습니다.'를 2초간 말한 후 다시 '사람1' 모양으로 바꾼다.

10. 아기코끼리가 사과를 따 먹으러 사과나무를 찾아 길을 따라서 가도록 아래 〈조건〉에 맞게 코딩하시오. (10점)

〈 조건 〉
- 스크래치 프로그램 화면 [블록 모음]에서 필요한 블록을 가져다 사용한다. - 🏴 버튼을 클릭하면 코끼리가 x 좌표 -206, y 좌표 - 107 위치에서 위치한다. - 코끼리가 오른쪽을 바라본다. - '가자!'라고 2초 동안 말한다. - 코끼리가 걷는 모양으로 움직이며 1초 간격으로 50만큼 오른쪽으로 5번 이동한다. - 코끼리가 위쪽을 바라본다. - 그 후 코끼리가 걷는 모양으로 움직이며 1초 간격으로 20만큼 위쪽으로 10번 이동한다. - 코끼리가 오른쪽을 바라본다. - 그 후 코끼리가 걷는 모양으로 움직이며 1초 간격으로 30만큼 오른쪽으로 3번 이동한다. - '찾았다!'라고 2초 동안 말한다.

최신 기출문제 유형 4회

SW 코딩자격(3급)

- SOFTWARE CODING AND COMPUTING TEST -

SW	시험 시간	급수	응시일	수험번호	성명
Scratch 2.0 이상	45분	3	년 월 일		

수험자 유의사항

- 수험자는 감독관의 안내에 따라 문제지와 시험용 SW 등의 이상 여부를 확인해야 합니다.
- 시험지는 시험이 끝난 후 답안지와 함께 제출해야 하며 미제출 시 실격 처리됩니다.
- 제한된 시간 내에 시험을 완료하여야 합니다. 시험 시작 후에는 화장실 출입이 불가하며 시험 시간 중에는 퇴실할 수 없습니다.
- 시험 시간 중 고사실 내에서 휴대전화기, 디지털카메라, MP3 등 전자 기기를 소지한 경우, 해당자의 시험을 무효로 처리하오니 절대 휴대하지 않도록 합니다.
- 부정 응시 및 문제 유출에 해당하는 행위, 즉 답안을 타인에게 전달 및 외부로 반출하는 경우, 자격기본법 제32조에 의거 부정행위로 간주되어 해당자의 시험을 무효 처리하며 민/형사상의 책임을 물을 수 있습니다.

답안 작성 요령

답안 작성 절차
- 바탕 화면(Desktop) / SW3-시험 / 수험번호-성명 / 파일에 답안을 작성 또는 작업 후 저장
- 시험을 완료한 수험자는 감독관의 안내에 따라 ① 시험지를 제출하고 ② 답안 파일을 저장한 후 퇴실합니다.

한국생산성본부

1. 우석이는 자기가 가지고 있는 계량용 바구니를 이용하여 콩을 바구니로 옮기려고 한다. 〈보기〉를 참고하여 〈문제〉의 빈칸을 완성하시오. (10점)

〈 보기 〉	
〈 콩 옮기기 〉	〈 계량용 바구니의 크기 〉
- 콩을 담을 바구니의 크기는 7리터짜리이다. 7리터	- 우석이가 가진 계량용 바구니의 종류는 1리터, 2리터, 3리터짜리가 있다. 우석이가 콩을 한 번 옮길 때 사용할 수 있는 최대 크기의 계량용 바구니는 3리터이고, 최소 크기의 계량용 바구니는 1리터이다. - 오성이가 가진 계량용 바구니의 종류는 1리터, 1.5리터, 2리터짜리가 있다. 오성이가 콩을 한 번 옮길 때 사용할 수 있는 최대 크기의 계량용 바구니의 크기는 2리터이고, 최소 크기 계량용 바구니의 크기는 1리터이다.

〈 콩 옮기기 예시 〉
오성이가 콩을 옮기기 위해 최소로 사용한 계량용 바구니 사용 횟수를 표현하면 아래와 같다. 2, 2, 2, 1 ※ 위는 오성이는 2리터, 2리터, 2리터, 1리터 순서로 계량용 바구니를 사용하여 콩을 옮겼다는 것을 순서로 표현한 것이다.

〈 문제 〉
※ 답안 작성 요령: 〈보기〉를 참고하여, 적절한 숫자를 빈칸 ①과 ②에 채워 넣으시오. (정답 순서 무관함) 우석이가 콩을 옮기기 위해 최소로 사용 가능한 계량용 바구니의 사용 순서를 수로 표현하면 아래와 같다. 3, (①), (②)

2. 민현이는 4차 산업혁명 시대의 컴퓨터 역할에 관한 책을 읽고 있다. 〈보기〉를 참고하여 〈문제〉의 빈칸을 완성하시오. (10점)

〈 보기 〉
〈 컴퓨터 과학 용어 〉

- 정보과학 - 인공지능 - 피지컬 컴퓨팅	- 컴퓨팅 사고 - 코딩 - 언플러그드 활동

〈 문제 〉
※ 답안 작성 요령: 〈보기〉를 참고하여 작성하되 〈컴퓨터 과학 용어〉에서 적절한 내용을 골라 빈칸 ①과 ②를 채워 넣으시오.

- '해결해야 할 문제를 만났을 때 컴퓨터 과학자처럼 사고하는 것'을 (①   )이라고 Wing 교수는 정의하면서 '컴퓨터 과학의 기초적인 개념들에 기반을 둔 문제 해결, 시스템 설계, 인간 행동의 이해를 포함하는 개념'이라고 주장하였다.
- '컴퓨터 언어로 프로그램을 만드는 것'을 (②   )이라 한다

3. 다음은 송희가 좋아하는 것들이다. 〈보기〉를 참고하여 〈문제〉의 빈칸을 완성하시오. (10점)

〈 보기 〉	
〈 송희가 좋아하는 것들 〉	〈 추상화 〉
색연필, 필통, 지우개, 해바라기, 벚꽃, 사인펜, 수선화, 색종이, 튤립, 예쁜 클립	- 문제 해결을 위해 불필요한 부분을 없애고 꼭 필요한 부분을 기준으로 단순하게 표현하는 것
〈 분류 기준 〉	
- 문구 - 과일 - 채소 - 꽃	

〈 문제 〉
※ 답안 작성 요령: 〈보기〉를 참고하여 작성하되 〈분류 기준〉에서 적절한 내용을 골라 빈칸 ①과 ②를 채워 넣으시오. (정답 순서 무관함)

송희가 좋아하는 것들을 〈추상화〉를 참고하여 〈분류 기준〉에 따라 분류하였을 때, (①   ), (②   )로(으로) 나눌 수 있다.

4. 오늘은 영지가 애완 고양이 루이의 목욕 당번을 해야 하는 날이다. 〈보기〉를 참고하여 〈문제〉의 빈칸을 완성 하시오. (10점)

〈 보기 〉
〈 고양이 목욕시켜 주기 〉

- 고양이 목욕 완료 - 고양이를 안고 욕실로 간다. - 고양이 몸을 맑은 물로 씻는다. - 고양이, 물, 비누, 드라이기 - 고양이 몸이 모두 말려졌는가?	- 고양이의 몸을 드라이기로 말린다. - 욕조에 물을 받는다. - 고양이 몸을 욕조에 담근다. - 고양이 몸에 비누를 칠하고 문지른다.

〈 문제 〉
※ 답안 작성 요령: 〈보기〉를 참고하여 작성하되 〈고양이 목욕시켜 주기〉에서 적절한 내용을 골라 빈칸 ①과 ②를 채워 넣으 시오.

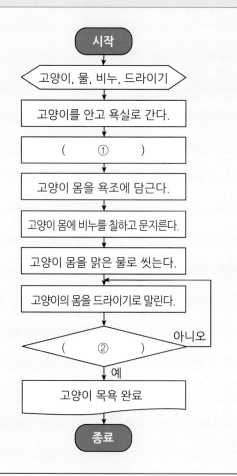

5. 희경이는 지하철을 타고 고모 댁으로 심부름을 가려고 한다. 〈보기〉를 참고하여 〈문제〉의 빈칸을 완성하시오.
(10점)

〈 보기 〉
〈 지하철 타고 고모 댁 가기 〉

- 도착 완료	- 지하철, 승차권, 지하철역
- 지하철을 타고 이동하기	- 안내방송 듣기
- 승차권 사기	- 지하철이 도착하면 노선 확인 후 탑승
- 지하철 내리기	- 고모네 동네에 도착했는가?

〈 문제 〉

※ 답안 작성 요령: 〈보기〉를 참고하여 작성하되 〈지하철 타고 고모 댁 가기〉에서 적절한 내용을 골라 빈칸 ①과 ②를 채워 넣으시오.

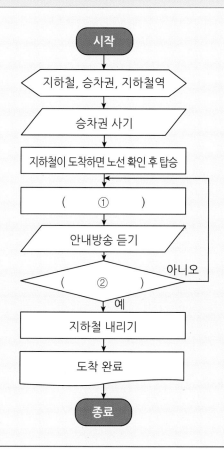

※ 프로그래밍 작업 가이드

- 바탕 화면(Desktop) / SW3 – 시험
- 수험번호 – 성명 폴더를 마우스 오른쪽 버튼으로 클릭한 후,
  [이름 바꾸기]를 클릭 → 본인의 수험번호 – 성명으로 수정하시오.
- 본인의 수험번호 – 성명으로 수정된 폴더 안의 파일을 문항별로 더블클릭하여 프로그램을 실행합니다.
- 문항별 조건에 따라 작업을 완료하였으면, 〈파일〉 저장하기 버튼을 클릭하여 저장합니다.

6. 꽃밭에 나비가 여러 마리가 날도록 아래 〈조건〉에 맞게 코딩하시오. (10점)

〈 조건 〉

- 스크래치 프로그램 화면 오른편 [스크립트 영역]에 주어진 명령어 블록만을 모두 사용한다.
- ⚑ 버튼을 클릭하면 나비가 마우스 포인터를 따라 이동한다.
- 마우스를 클릭할 때마다 나비가 꽃들 위에 찍힌다.
- 키보드의 '아무' 키를 입력하면 찍혔던 나비들이 모두 지워진다.

7. 투어 버스가 도로를 따라 대룡빌딩으로 가도록 아래 〈조건〉에 맞게 코딩하시오. (10점)

〈 조건 〉

- 스크래치 프로그램 화면 오른편 [스크립트 영역]에 주어진 명령어 블록만을 모두 사용한다.
- ⚑ 버튼을 클릭하면 투어 버스가 x 좌표 -190, y 좌표 -140에 위치하며 90도 방향을 본다.
- 키보드의 '아무' 키를 입력했을 때, 투어 버스가 1초마다 90만큼씩 이동한다.
- 투어 버스가 도로를 따라서 이동한다.
- 투어 버스가 움직이는 방향을 바라보며 이동한다.
- 대룡빌딩에 닿으면 '도착!'을 2초간 말한다.

8. 행운의 번호 추첨이 아래 〈조건〉에 맞게 움직이도록 코딩하시오. (10점)

〈 조건 〉

- 스크래치 프로그램 화면 오른편 [스크립트 영역]에 주어진 명령어 블록만을 모두 사용한다.
- '추첨 시작' 버튼을 클릭하면 행운의 번호 숫자가 0부터 9까지 계속 바뀌도록 한다.
- 키보드의 '스페이스' 키를 입력하면 숫자가 멈춘다.
- 다시 '추첨 시작' 버튼을 클릭하고 '스페이스' 키를 입력하여도 동작하여야 한다.

9. 수탉이 잠자리를 먹으면 에너지가 생기고 야구공을 먹으면 에너지를 뺏기도록 아래 〈조건〉에 맞게 코딩하시오. (10점)

- 스크래치 프로그램 화면 오른편 [스크립트 영역]에 주어진 명령어 블록만을 모두 사용한다.
- 키보드의 오른쪽 화살표 키를 입력하면 수탉이 x 좌표를 10만큼씩 이동한다.
- 키보드의 왼쪽 화살표 키를 입력하면 수탉이 x 좌표를 -10만큼씩 이동한다.
- 키보드의 위쪽 화살표 키를 입력하면 수탉이 y 좌표를 10만큼씩 이동한다.
- 키보드의 아래쪽 화살표 키를 입력하면 수탉이 y 좌표를 -10만큼씩 이동한다.
- 잠자리가 수탉에 닿으면 '에너지'를 10만큼 더한다.
- 잠자리가 수탉에 닿으면 잠자리가 화면에서 보이지 않는다.
- 야구공이 수탉에 닿으면 '에너지'를 10만큼 뺀다.
- 야구공이 수탉에 닿으면 야구공이 화면에서 보이지 않는다.

10. 색깔 버튼을 클릭하면 동물들의 모습이 나타내도록 아래 〈조건〉에 맞게 코딩하시오. (10점)

〈 조건 〉

- 스크래치 프로그램 화면 [블록 모음]에서 필요한 블록을 가져다 사용한다.
- 버튼을 🏳 클릭하면 각 동물은 모양이 보이지 않는다.
- 앗! 비둘기! 스프라이트를 클릭하면 비둘기가 나타난 후, '나타났다. 비둘기!'라고 2초간 말한다.
- 앗! 두더지! 스프라이트를 클릭하면 두더지가 나타난 후, '나타났다. 두더지!'라고 2초간 말한다.

※ 시험 종료 전

- 본인의 수험번호-성명 폴더 내에 작업한 답안 파일이 정상적으로 저장되었는지 확인합니다.
  → 시험 종료 후, 감독관이 답안 파일을 수거합니다.
- 수험번호, 성명을 잘못 기재하였거나, 답안 파일을 잘못 저장하여 발생한 문제나 불이익에 대한 일체의 책임은 수험자에게 있습니다.
- 감독관의 안내에 따라 시험지를 제출하고 퇴실합니다.

최신 기출문제 유형 5회

SW 코딩자격(3급)

- SOFTWARE CODING AND COMPUTING TEST -

SW	시험 시간	급수	응시일	수험번호	성명
Scratch 2.0 이상	45분	3	년 월 일		

수험자 유의사항

- 수험자는 감독관의 안내에 따라 문제지와 시험용 SW 등의 이상 여부를 확인해야 합니다.
- 시험지는 시험이 끝난 후 답안지와 함께 제출해야 하며 미제출 시 실격 처리됩니다.
- 제한된 시간 내에 시험을 완료하여야 합니다. 시험 시작 후에는 화장실 출입이 불가하며 시험 시간 중에는 퇴실할 수 없습니다.
- 시험 시간 중 고사실 내에서 휴대전화기, 디지털카메라, MP3 등 전자 기기를 소지한 경우, 해당자의 시험을 무효로 처리하오니 절대 휴대하지 않도록 합니다.
- 부정 응시 및 문제 유출에 해당하는 행위, 즉 답안을 타인에게 전달 및 외부로 반출하는 경우, 자격기본법 제32조에 의거 부정행위로 간주되어 해당자의 시험을 무효 처리하며 민/형사상의 책임을 물을 수 있습니다.

답안 작성 요령

답안 작성 절차
- 바탕 화면(Desktop) / SW3-시험 / 수험번호-성명 / 파일에 답안을 작성 또는 작업 후 저장
- 시험을 완료한 수험자는 감독관의 안내에 따라 ① 시험지를 제출하고 ② 답안 파일을 저장한 후 퇴실합니다.

한국생산성본부

1. 소란이네 집은 현관 비밀번호를 매월 말일에 주기적으로 변경을 하고 있다. 〈보기〉를 참고하여 〈문제〉의 빈칸을 완성하시오. (10점)

〈 보기 〉			
〈 소란이네 집 현관 비밀번호 〉			
일자	현관 비밀번호	일자	현관 비밀번호
1월 31일	3111	7월 31일	3101
2월 29일	4212	8월 31일	4202
3월 31일	5313	9월 30일	(②)
4월 30일	(①)	10월 31일	3404
5월 31일	4515	11월 30일	4505
6월 30일	5616	12월 31일	5606

〈 문제 〉
※ 답안 작성 요령: 〈보기〉를 참고하여, 적절한 숫자를 빈칸 ①과 ②에 채워 넣으시오.

〈소란이네 집 현관 비밀번호〉 설정 규칙에 따라, 4월 30일의 비밀번호는 (①)이고, 9월 30일의 비밀번호는 (②)일 것으로 추측할 수 있다.

2. 희수는 자신의 방에 있는 물건을 종류별로 개별 상자에 분류하여 정리하려고 한다. 〈보기〉를 참고하여 〈문제〉의 빈칸을 완성하시오. (10점)

〈 보기 〉
〈 희수의 물건들 〉

- 연필   - 지우개   - 가위   - 바비인형   - 풀   - 색종이   - 곰인형
- 청바지   - 티셔츠   - 목도리   - 볼펜   - 레고   - 점퍼   - 양말

〈 문제 〉

※ 답안 작성 요령: 〈보기〉를 참고하여 적절한 숫자를 빈칸 ①과 ②에 채워 넣으시오.

〈희수의 물건들〉을 유형별로 정리하면 (①   )개의 상자가 필요하고, 물건 이름별로 (오름차순) 정렬하면 세 번째 물건의 이름은 (②   )이다.

3. 혜상이는 자신이 책상 위에 있는 물건들을 다시 배치하려고 한다. 〈보기〉를 참고하여 〈문제〉의 빈칸을 완성하시오. (10점)

〈 보기 〉
〈 정리 규칙 〉

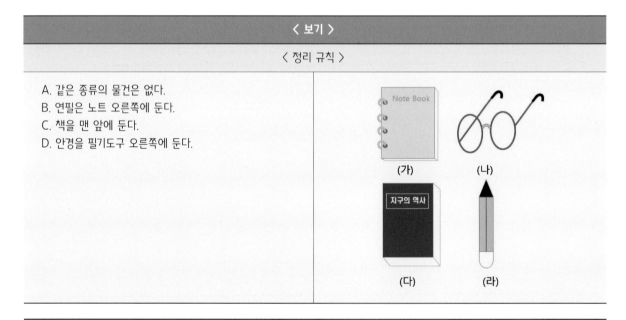

A. 같은 종류의 물건은 없다.
B. 연필은 노트 오른쪽에 둔다.
C. 책을 맨 앞에 둔다.
D. 안경을 필기도구 오른쪽에 둔다.

(가)   (나)
(다)   (라)

〈 문제 〉

※ 답안 작성 요령: 〈보기〉를 참고하여 작성하되 〈정리 규칙〉의 내용을 적절하게 적용하여 빈칸 ①과 ②를 채워 넣으시오.

〈정리 규칙〉에 따라 (가)~(라)의 물건들을 나열했을 때 두 번째, 네 번째에 들어갈 물건은 각각 (①   ), (②   )이다.

4. 루미는 친구 태린이와 함께 아이스크림 케이크를 사러 아이스크림 가게로 간다. 〈보기〉를 참고하여 〈문제〉의 빈칸을 완성하시오. (10점)

〈 보기 〉
〈 아이스크림 케이크 사기 〉

가. 가격이 2만 원을 넘지 않는가? 나. 아이스크림 케이크를 산다. 다. 태린이와 공원에서 만난다.	라. 아이스크림 가게로 걸어간다. 마. 함께 아이스크림 케이크를 고른다. 바. 다른 가게로 간다.

〈 문제 〉

※ 답안 작성 요령: 〈보기〉를 참고하여 작성하되 〈아이스크림 케이크 사기〉에서 적절한 내용을 골라 빈칸 ①과 ②를 채워 넣으시오.

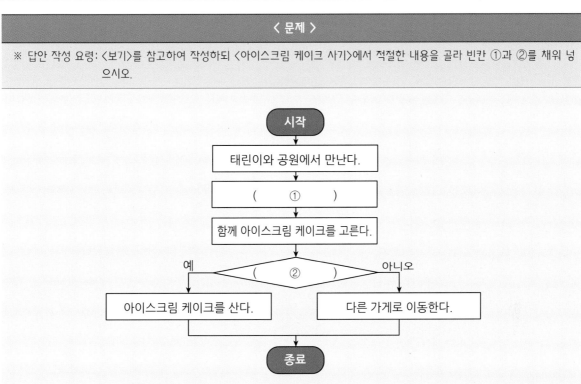

5. 하늬와 초록이는 영어 단어 카드 게임을 하고 있다. 〈보기〉를 참고하여 〈문제〉의 빈칸을 완성하시오. (10점)

〈 보기 〉
〈 영어 단어 카드 게임 〉
※ 게임 규칙: 두 사람이 각자 단어 카드를 한 장씩 뽑고, 이것을 서로 비교하였을 때 알파벳 순서로 비교하여 단어의 첫 글자가 앞쪽 순서에 해당하는 카드를 뽑은 사람이 승리를 한다. 알파벳 순서가 앞쪽이면 큰 것으로 가정함.

가. 하늬 승	마. 낱말 카드를 뽑는다.
나. 두 카드의 첫 글자 알파벳을 비교한다.	바. 초록 승
다. 하늬의 카드 단어 첫 글자 = 초록이의 카드 단어 첫 글자	사. 단어 카드 2장
라. 하늬의 카드 단어 첫 글자 > 초록이의 카드 단어 첫 글자	아. 무승부

〈 문제 〉
※ 답안 작성 요령: 〈보기〉를 참고하여 작성하되 〈영어 단어 카드 게임〉에서 적절한 내용을 골라 빈칸 ①과 ②를 채워 넣으시오.

※ 프로그래밍 작업 가이드

- 바탕 화면(Desktop) / SW3 – 시험
- 수험번호 – 성명 폴더를 마우스 오른쪽 버튼으로 클릭한 후,
  [이름 바꾸기]를 클릭 → 본인의 수험번호 – 성명으로 수정하시오.
- 본인의 수험번호 – 성명으로 수정된 폴더 안의 파일을 문항별로 더블클릭하여 프로그램을 실행합니다.
- 문항별 조건에 따라 작업을 완료하였으면, 〈파일〉 저장하기 버튼을 클릭하여 저장합니다.

6. 펭귄이 산 아래로 내려가도록 아래 〈조건〉에 맞게 코딩하시오. (10점)

〈 조건 〉

- 스크래치 프로그램 화면 오른편 [스크립트 영역]에 주어진 명령어 블록만을 모두 사용한다.
- 🚩 버튼을 클릭하면 펭귄은 모양을 보이고 x 좌표 – 10, y 좌표 8 위치로 이동하며 "내려 갈까?"를 묻고 기다린다.
- 만약 대답 = (네)라면 펭귄은 도착 지점으로 이동한다.
  (1) 만약 대답 = (네)라면 펭귄은 y 좌표를 -10만큼 계속 반복하여 이동한다.
  (2) 펭귄은 0.1초마다 다음 모양으로 계속 반복하여 바꾼다.
  (3) 만약 펭귄이 도착 지점에 닿았다면 모양을 숨긴다.
- 만약 그렇지 않다면 펭귄은 "좀 더 여기 있을래요."를 2초 동안 말한다.

7. 우주에서 우주 강아지, 우주인, 우주선이 움직이도록 아래 〈조건〉에 맞게 코딩하시오. (10점)

〈 조건 〉

- 스크래치 프로그램 화면 오른편 [스크립트 영역]에 주어진 명령어 블록만을 모두 사용한다.
- ⚑ 버튼을 클릭하면 무대는 '배경1' 모양으로 바꾼다. 우주 강아지는 x 좌표 0, y 좌표 −50에 위치하고 "다음은 우주인입니다!"를 2초 동안 말한다.
- 우주인과 우주선은 모양을 숨긴다.
- 우주 강아지를 클릭하면 x 좌표 200 위치로 이동하고 '우주인 시작' 신호를 보낸다.
  - (1) '우주인 시작' 신호를 받으면 배경은 '배경2'로 모양을 바꾼다.
  - (2) '우주인 시작' 신호를 받으면 우주인은 모양을 보이고 x 좌표 0, y 좌표 0으로 이동하며 0.2초마다 다음 모양으로 10번 반복하여 바꾼다.
  - (3) 키보드의 '스페이스 바' 키를 입력하면 우주인은 모양을 숨기고 '우주선 시작' 신호를 보낸다.
- '우주선 시작' 신호를 받으면 배경색이 바뀌고 우주선이 움직인다.
  - (1) '우주선 시작' 신호를 받으면 우주 강아지는 x 좌표 0, y 좌표 −50에 위치하고 "다음은 우주선입니다!"를 2초 동안 말하고 x 좌표를 200으로 정한다.
  - (2) '우주선 시작' 신호를 받으면 배경은 색깔 효과를 100으로 정한다.
  - (3) '우주선 시작' 신호를 받으면 우주선은 2초 후 모양을 보이고 x 좌표 0, y 좌표 0으로 이동하며 0.2초마다 다음 모양으로 10번 반복하여 바꾼다.

8. 고양이가 정원에서 생쥐를 잡도록 아래 〈조건〉에 맞게 코딩하시오. (10점)

〈 조건 〉

- 스크래치 프로그램 화면 오른편 [스크립트 영역]에 주어진 명령어 블록만을 모두 사용한다.
- ⚑ 버튼을 클릭하면 고양이는 "생쥐를 잡자!!"를 말한다.
- 고양이는 생쥐 쪽을 보며 이동 방향으로 2만큼씩 생쥐에 닿을 때까지 반복하여 움직인다.
- 생쥐는 마우스 포인터 쪽을 바라보며 마우스 포인터 위치로 이동한다.
- 만약 생쥐가 고양이에 닿았다면 이 스크립트를 멈춘다.
- 고양이는 생쥐에 닿으면 "잡았다."를 2초 동안 말한다.

9. 민식이가 사과를 복제하고 사과의 짝/홀수를 말하도록 아래 〈조건〉에 맞게 코딩하시오. (10점)

〈 조건 〉

- 스크래치 프로그램 화면 오른편 [스크립트 영역]에 주어진 명령어 블록만을 모두 사용한다.
- 🏳 버튼을 클릭하면 민식이는 "사과를 몇 개 복제할까요?"를 묻고 기다리고 (대답)에 숫자를 입력하면 '사과 복제' 신호를 보낸다. 사과는 x 좌표 -100, y 좌표 45 위치로 이동한다.
- '사과 복제' 신호를 받았을 때 사과는 자신의 복제본을 만들고 x 좌표 50만큼 바꾸며 이를 (대답)번 반복한다.
- '사과 복제' 신호를 받았을 때 1초 기다린 후 민식이는 사과의 수가 짝수인지 홀수인지 말한다.
  - (1) 만약 (대답) 나누기 2의 나머지=0이라면 민식이는 "복제된 사과는 짝수 개입니다."를 2초 동안 말한다.
  - (2) 그렇지 않으면 민식이는 "복제된 사과는 홀수 개입니다."를 2초 동안 말한다.

10. 아이돌스타가 다이어트를 하기 위해 음식을 먹도록 아래 〈조건〉에 맞게 코딩하시오. (10점)

〈 조건 〉

- 스크래치 프로그램 화면 [블록 모음]에서 필요한 블록을 가져다 사용한다.
- 🏳 버튼을 클릭하면 아이돌스타는 x 좌표 -175 y 좌표 -62 위치로 이동한다. 케익은 x 좌표 -68, y 좌표 41 위치로 이동하고 모양을 보이고, 우유는 x 좌표 103, y 좌표 48 위치로 이동하고 보이며, 샐러드는 x 좌표 -68, y 좌표 -108 위치로 이동하고 모양을 보이고, 딸기는 x 좌표 103, y 좌표 -91 위치로 이동하고 모양을 보인다.
- 아이돌스타는 '일일 권장 칼로리' 변수를 1600으로, '섭취한 칼로리' 변수를 0으로 정하고 "먹고 싶다!"를 2초 동안 말한다.
- 음식을 클릭하면 음식이 아이돌스타의 위치로 이동하고 '섭취한 칼로리'에 해당 칼로리만큼 더한다.
  - (1) 케익을 클릭하면 케익은 '섭취한 칼로리'를 900만큼 바꾸고 아이돌스타 위치로 이동한 후 모양을 숨기고 '먹기' 신호를 보낸다.
  - (2) 우유를 클릭하면 우유는 '섭취한 칼로리'를 350만큼 바꾸고 아이돌스타 위치로 이동한 후 모양을 숨기고 '먹기' 신호를 보낸다.
  - (3) 샐러드를 클릭하면 샐러드는 '섭취한 칼로리'를 300만큼 바꾸고 아이돌스타 위치로 이동한 후 모양을 숨기고 '먹기' 신호를 보낸다.
  - (4) 딸기를 클릭하면 딸기는 '섭취한 칼로리'를 500만큼 바꾸고 아이돌스타 위치로 이동한 후 모양을 숨기고 '먹기' 신호를 보낸다.
- '먹기' 신호를 받으면 아이돌스타가 말한다.
  - (1) 아이돌스타는 '먹기' 신호를 받았을 때 만약 '일일 권장 칼로리' < '섭취한 칼로리'라면 "오늘 다이어트 실패!"를 2초 동안 말하고 모든 스크립트를 멈춘다.
  - (2) 그렇지 않다면 아이돌스타는 "조금 더 먹자!"를 2초 동안 말한다.

※ 시험 종료 전

- 본인의 수험번호-성명 폴더 내에 작업한 답안 파일이 정상적으로 저장되었는지 확인합니다.
  → 시험 종료 후, 감독관이 답안 파일을 수거합니다.
- 수험번호, 성명을 잘못 기재하였거나, 답안 파일을 잘못 저장하여 발생한 문제나 불이익에 대한 일체의 책임은 수험자에게 있습니다.
- 감독관의 안내에 따라 시험지를 제출하고 퇴실합니다.

SCRATCH

PART VII

SW 코딩자격 3급
해답 및 풀이

CHAPTER 01 실전 모의고사 1회 풀이

01 해답 풀이

질문 유형	사고력 추상화 개념에 대한 이해도를 물어보는 문제
풀이	동물 리스트 중에서 포유류에 속하지 않는 동물은 조류인 독수리와 파충류인 바다거북 이 두 가지뿐이다.
해설	(① 독수리) (② 바다거북)

02 해답 풀이

질문 유형	자료 분류의 개념에 대한 이해도를 물어보는 문제
풀이	현수가 만든 음계 카드에서 ♥는 도, ♣는 미, ◆는 솔을 뜻한다. 따라서 멜로디 카드 연 주 그림을 연주해 보면, 첫 번째 줄은 '미, 미, 도, 도, 솔' 두 번째 줄은 '솔, 솔, 솔, 미, 도' 세 번째 줄은 '미, 솔, 솔, 미, 미' 네 번째 줄은 '솔, 도, 솔, 도, 솔'로 연주된다.
해설	(① 미) (② 도)

03 해답 풀이

질문 유형	절차적 해결 개념에 대한 이해도를 물어보는 문제
풀이	은영이는 90리터의 빈 병에 물을 채우기 위해 자신이 가지고 있는 계량컵 10리터, 15리 터, 25리터 중에서 계량컵 15리터와 25리터짜리 2개를 사용하여 빈 병에 물을 채웠다. 계 량컵 사용 순서는 25, 25, 25, 15리터짜리 순서로 사용하여 빈 병에 물을 채워야 한다.
해설	(① 25) (② 15)

질문 유형	선택 구조 알고리즘의 개념에 대한 이해도를 물어보는 문제
풀이	☞ 우주가 놀이기구를 타기 위해 해야 하는 동작 순서는 다음과 같다. ① 탑승권, 놀이기구 → ② 놀이기구가 있는 곳으로 간다. → ③ 탑승 순서를 기다린다. → ④ '탑승 순서가 되었는가?'가를 확인하여, 만약 탑승 순서가 되었다면 ⑤번 동작으로 진행하고, 만약 아직 탑승 순서가 안 되었다면 ③번 동작으로 진행한다. → ⑤ 탑승권을 제출하고 놀이기구에 탑승한다. → ⑥ 놀이기구에서 내린다. → ⑦ 놀이기구 타기 완료
해설	(① 놀이기구가 있는 곳으로 간다.) (② 탑승 순서가 되었는가?)

질문 유형	반복 구조 알고리즘의 개념에 대한 이해도를 물어보는 문제
풀이	☞ 은율이가 색연필을 사기 위해 해야 하는 동작 순서는 다음과 같다. ① 1,000원권 지폐 1장, 문구 자판기 → ② 지폐를 100원짜리 동전으로 교환한다. → ③ 동작 ④번을 6번 반복 수행한다. → ④ 자판기에 동전을 투입한다. → ⑤ 색연필 선택 버 튼 누른다. → ⑥ 색연필을 꺼낸다. → ⑦ 색연필 사기 완료
해설	(① 6번 반복) (② 색연필 선택 버튼을 누른다.)

단계 01 폴더 경로 '/해답편/모의고사문제/모의고사1회/수험번호 – 성명/'에 있는 '문제6.sb3' 파일을 열기를 한다.

단계 02 스프라이트 영역에서 말 스프라이트를 클릭한 다음 [클릭했을 때] 명령블록에 [모양을 horse1-b ▼ (으)로 바꾸기] 명령블록을 드래그하여 연결한다.

단계 03 [이 스프라이트를 클릭했을 때] 명령블록에 [모양을 horse1-a ▼ (으)로 바꾸기] 명령블록을 드래그하여 연결한다.

단계 04  모양을 horse1-a ▼ (으)로 바꾸기 명령블록에 환영합니다. 을(를) 3 초 동안 말하기 명령블록을 드래그하여 연결한다.

단계 05 스프라이트 영역에서 박쥐 스프라이트를 클릭한 다음 클릭했을 때 명령블록에 모양을 bat1-b ▼ (으)로 바꾸기 명령블록을 드래그하여 연결한다.

단계 06 이 스프라이트를 클릭했을 때 명령블록에 모양을 bat1-a ▼ (으)로 바꾸기 명령블록을 드래그하여 연결한다.

단계 07  모양을 bat1-a ▼ (으)로 바꾸기 명령블록에 날아갑니다 을(를) 3 초 동안 말하기 명령블록을 드래그하여 연결한다.

• 완성된 말 스프라이트와 박쥐 스프라이트의 프로그램 코드는 다음과 같다.

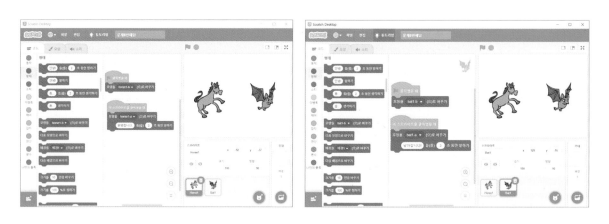

07 모범 답안

단계 01 폴더 경로 '/해답편/모의고사문제/모의고사1회/수험번호 – 성명/'에 있는 '문제7.sb3' 파일을 열기를 한다.

단계 02 무대 배경 영역에서 배경 고르기 아이콘 (📷)을 클릭하여 바닷속을 선택 후 Underwater1을 클릭한다.

단계 03  스프라이트 영역에서 상어 스프라이트를 클릭한 다음 클릭했을 때 명령블록에 에너지 을(를) 0 로 정하기 명령블록을 드래그하여 연결한다.

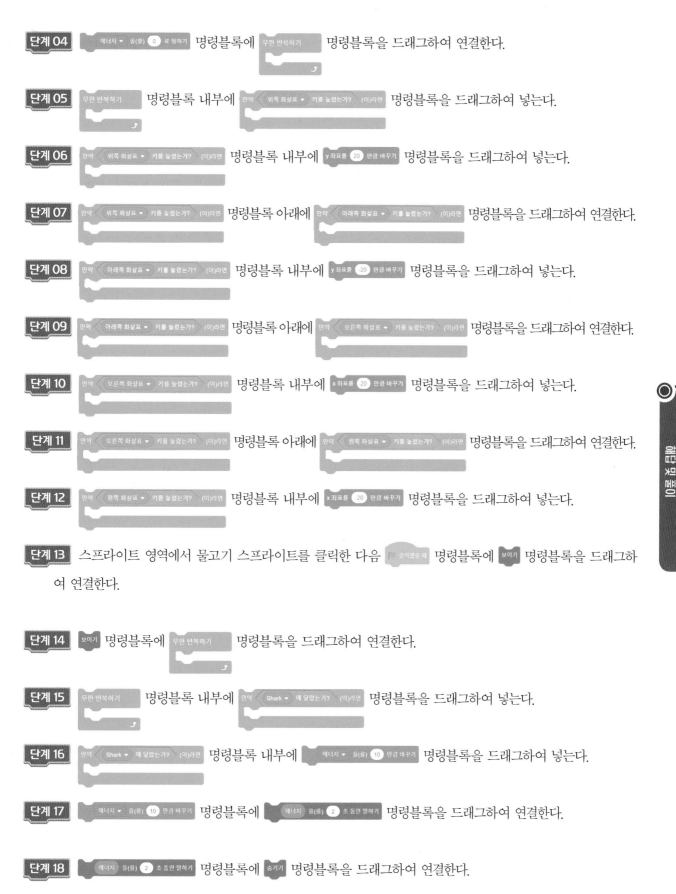

단계 04 에너지 을(를) 0 로 정하기 명령블록에 무한 반복하기 명령블록을 드래그하여 연결한다.

단계 05 무한 반복하기 명령블록 내부에 만약 위쪽 화살표 ▼ 키를 눌렀는가? (이)라면 명령블록을 드래그하여 넣는다.

단계 06 만약 위쪽 화살표 ▼ 키를 눌렀는가? (이)라면 명령블록 내부에 y 좌표를 20 만큼 바꾸기 명령블록을 드래그하여 넣는다.

단계 07 만약 위쪽 화살표 ▼ 키를 눌렀는가? (이)라면 명령블록 아래에 만약 아래쪽 화살표 ▼ 키를 눌렀는가? (이)라면 명령블록을 드래그하여 연결한다.

단계 08 만약 아래쪽 화살표 ▼ 키를 눌렀는가? (이)라면 명령블록 내부에 y 좌표를 -20 만큼 바꾸기 명령블록을 드래그하여 넣는다.

단계 09 만약 아래쪽 화살표 ▼ 키를 눌렀는가? (이)라면 명령블록 아래에 만약 오른쪽 화살표 ▼ 키를 눌렀는가? (이)라면 명령블록을 드래그하여 연결한다.

단계 10 만약 오른쪽 화살표 ▼ 키를 눌렀는가? (이)라면 명령블록 내부에 x 좌표를 20 만큼 바꾸기 명령블록을 드래그하여 넣는다.

단계 11 만약 오른쪽 화살표 ▼ 키를 눌렀는가? (이)라면 명령블록 아래에 만약 왼쪽 화살표 ▼ 키를 눌렀는가? (이)라면 명령블록을 드래그하여 연결한다.

단계 12 만약 왼쪽 화살표 ▼ 키를 눌렀는가? (이)라면 명령블록 내부에 x 좌표를 -20 만큼 바꾸기 명령블록을 드래그하여 넣는다.

단계 13 스프라이트 영역에서 물고기 스프라이트를 클릭한 다음 클릭했을 때 명령블록에 보이기 명령블록을 드래그하여 연결한다.

단계 14 보이기 명령블록에 무한 반복하기 명령블록을 드래그하여 연결한다.

단계 15 무한 반복하기 명령블록 내부에 만약 Shark ▼ 에 닿았는가? (이)라면 명령블록을 드래그하여 넣는다.

단계 16 만약 Shark ▼ 에 닿았는가? (이)라면 명령블록 내부에 에너지 ▼ 을(를) 10 만큼 바꾸기 명령블록을 드래그하여 넣는다.

단계 17 에너지 ▼ 을(를) 10 만큼 바꾸기 명령블록에 에너지 을(를) 2 초 동안 말하기 명령블록을 드래그하여 연결한다.

단계 18 에너지 을(를) 2 초 동안 말하기 명령블록에 숨기기 명령블록을 드래그하여 연결한다.

단계 19 스프라이트 영역에서 꽃게 스프라이트를 클릭한 다음 [클릭했을 때] 명령블록에 [보이기] 명령블록을 드래그하여 연결한다.

단계 20 [보이기] 명령블록에 [무한 반복하기] 명령블록을 드래그하여 연결한다.

단계 21 [무한 반복하기] 명령블록 내부에 [만약 Shark ▾ 에 닿았는가? (이)라면] 명령블록을 드래그하여 넣는다.

단계 22 [만약 Shark ▾ 에 닿았는가? (이)라면] 명령블록 내부에 [에너지 ▾ 을(를) -10 만큼 바꾸기] 명령블록을 드래그하여 넣는다.

단계 23 [에너지 ▾ 을(를) -10 만큼 바꾸기] 명령블록에 [에너지 을(를) 2 초 동안 말하기] 명령블록을 드래그하여 연결한다.

단계 24 [에너지 을(를) 2 초 동안 말하기] 명령블록에 [숨기기] 명령블록을 연결한다.

• 완성된 상어 스프라이트와 물고기 스프라이트, 꽃게 스프라이트의 프로그램 코드는 다음과 같다.

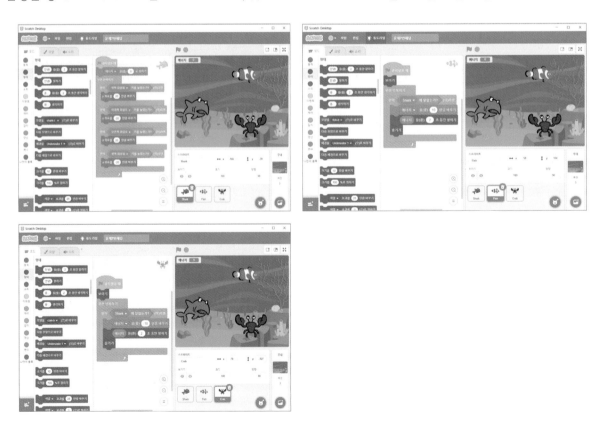

08 모범 답안

단계 01 폴더 경로 '/해답편/모의고사문제/모의고사1회/수험번호 – 성명/'에 있는 '문제8.sb3' 파일을 열기를 한다.

단계 02 ▶ 클릭했을 때 명령블록에 카운트 ▾ 을(를) 0 로 정하기 명령블록을 드래그하여 연결한다.

단계 03 카운트 ▾ 을(를) 0 로 정하기 명령블록에 무한 반복하기 명령블록을 드래그하여 연결한다.

단계 04 무한 반복하기 명령블록 내부에 x: -200 부터 200 사이의 난수 y: -100 부터 100 사이의 난수 (으)로 이동하기 명령블록을 드래그하여 넣는다.

단계 05 x: -200 부터 200 사이의 난수 y: -100 부터 100 사이의 난수 (으)로 이동하기 명령블록에 1 초 기다리기 명령블록을 드래그하여 연결한다.

단계 06 이 스프라이트를 클릭했을 때 명령블록에 카운트 ▾ 을(를) 1 만큼 바꾸기 명령블록을 드래그하여 연결한다.

단계 07 카운트 ▾ 을(를) 1 만큼 바꾸기 명령블록에 잡았다 을(를) 1 초 동안 말하기 명령블록을 드래그하여 연결한다.

• 완성된 잠자리 스프라이트의 프로그램 코드는 다음과 같다.

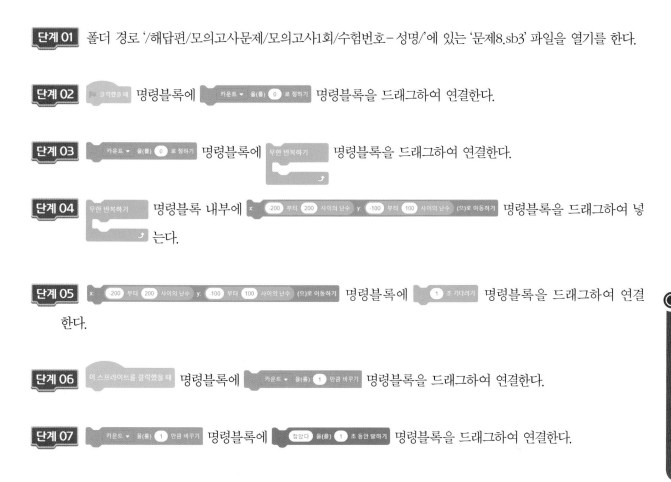

단계 01 폴더 경로 '/해답편/모의고사문제/모의고사1회/수험번호 – 성명/'에 있는 '문제9.sb3' 파일을 열기를 한다.

단계 02 클릭썼을 때 명령블록에 무한 반복하기 명령블록을 드래그하여 연결한다.

단계 03 무한 반복하기 명령블록 내부에 20 만큼 움직이기 명령블록을 드래그하여 넣는다.

단계 04 20 만큼 움직이기 명령블록에 다음 모양으로 배꾸기 명령블록을 드래그하여 연결한다.

단계 05 다음 모양으로 배꾸기 명령블록에 0.2 초 기다리기 명령블록을 드래그하여 연결한다.

단계 06 0.2 초 기다리기 명령블록에 만약 벽 ▼ 에 닿았는가? (이)라면 명령블록을 드래그하여 연결한다.

단계 07 만약 벽 ▼ 에 닿았는가? (이)라면 명령블록 내부에 방향으로 180 도 회전하기 명령블록을 드래그하여 넣는다.

- 완성된 사자 스프라이트의 프로그램 코드는 다음과 같다.

단계 01 폴더 경로 '/해답편/모의고사문제/모의고사1회/수험번호 – 성명/'에 있는 '문제10.sb3' 파일을 열기를 한다.

단계 02 스프라이트 영역에서 문어 스프라이트를 클릭한다. [이벤트 ⬤이벤트] 명령블록 팔레트를 클릭한 다음 여기서 🏳클릭했을때 명령블록을 스크립트영역으로 드래그한다.

단계 03 [동작 ⬤동작] 명령블록 팔레트를 클릭한 다음 여기서 x: 0 y: 0 (으)로 이동하기 명령블록을 스크립트 영역으로 드래그하여 연결한다.

단계 04 [제어 ⬤제어] 명령블록 팔레트를 클릭한 다음 여기서 무한 반복하기 명령블록을 드래그하여 연결한다.

단계 05 [동작 ⬤동작] 명령블록 팔레트를 클릭한 다음 여기서 x좌표를 0 (으)로 정하기 명령블록을 스크립트 영역의 무한 반복하기 명령블록 내부로 드래그하여 넣은 다음 숫자 '0'을 '–200'으로 수정한다.

단계 06 [제어 ⬤제어] 명령블록 팔레트를 클릭한 다음 여기서 10 번 반복하기 명령블록을 스크립트 영역의 x좌표를 -200 (으)로 정하기 명령블록에 드래그하여 연결한 후 숫자 '10'을 '50'으로 수정한다.

단계 07 [동작 ⬤동작] 명령블록 팔레트를 클릭한 다음 여기서 10 만큼 움직이기 명령블록을 스크립트 영역의 50 번 반복하기 명령블록 안으로 드래그하여 넣은 후 숫자 '10'을 '5'로 수정한다.

단계 08 [이벤트 ⬤이벤트] 명령블록 팔레트를 클릭한 다음 여기서 스페이스 ▾ 키를 눌렀을 때 명령블록을 스크립트 영역의 아래쪽 빈 영역으로 드래그한 후 '스페이스'를 '왼쪽 화살표'로 변경한다.

단계 09 [동작 ⬤동작] 명령블록 팔레트를 클릭한 다음 여기서 x좌표를 10 만큼 바꾸기 명령블록을 스크립트 영역의 왼쪽 화살표 ▾ 키를 눌렀을 때 명령블록에 드래그하여 연결한 후 숫자 '10'을 숫자 '–30'으로 수정한다.

단계 10 [이벤트 ⬤이벤트] 명령블록 팔레트를 클릭한 다음 여기서 스페이스 ▾ 키를 눌렀을 때 명령블록을 스크립트 영역의 아래쪽 빈 영역으로 드래그한 후 '스페이스'를 '오른쪽 화살표'로 변경한다.

단계 11 [동작 ^{동작}] 명령블록 팔레트를 클릭한 다음 여기서 `x 좌표를 10 만큼 바꾸기` 명령블록을 스크립트 영역의 `오른쪽 화살표 ▼ 키를 눌렀을 때` 명령블록에 드래그하여 연결한 후 숫자 '10'을 숫자 '30'으로 수정한다.

단계 12 무대 배경 영역의 무대 배경을 클릭한 다음 [코드] 탭을 클릭한 후 [이벤트 ^{이벤트}] 명령블록 팔레트를 클릭한다. 여기서 `스페이스 ▼ 키를 눌렀을 때` 명령블록을 스크립트 영역으로 드래그한다.

단계 13 [제어 ^{제어}] 명령블록 팔레트를 클릭한 다음 여기서 `무한 반복하기` 명령블록을 스크립트 영역으로 드래그하여 연결한다.

단계 14 계속해서 [제어 ^{제어}] 명령블록 팔레트에 있는 `1 초 기다리기` 명령블록을 스크립트 영역의 `무한 반복하기` 명령블록 내부로 드래그하여 넣는다.

단계 15 [형태 ^{형태}] 명령블록 팔레트를 클릭한 다음 여기서 `다음 배경으로 바꾸기` 명령블록을 스크립트 영역의 `1 초 기다리기` 명령블록에 드래그하여 연결한다.

• 완성된 문어 스프라이트와 무대 배경의 프로그램 코드는 다음과 같다.

실전 모의고사 2회 풀이

01 해답 풀이

질문 유형	사고력 추상화 개념에 대한 이해도를 물어보는 문제
풀이	(가)는 직사각형, (나)는 4개의 변과 4개의 각의 크기가 같은 정사각형, (다)는 마름모, (라)는 평행사변형, (바)는 사다리꼴 도형으로 모두 4개의 변과 4개의 꼭짓점을 가지는 사각형의 종류에 속한다. 그러나 (마)는 3개의 변과 3개의 꼭짓점을 가지고 있기 때문에 사각형이 아닌 삼각형에 속한다.
해설	(① 나) (② 마)

02 해답 풀이

질문 유형	사고력 추상화 개념에 대한 이해도를 물어보는 문제
풀이	승윤이가 생태공원에서 개구리를 관찰한 내용을 보면 동물의 종류는 개구리이고 주로 육지와 물속에서 서식하며, 다리의 개수는 4개이고, 뒷다리가 앞다리보다 길다는 특징을 가지고 있었다.
해설	(① 육지와 물속) (② 4)

03 해답 풀이

질문 유형	사고력 추상화 개념에 대한 이해도를 물어보는 문제
풀이	보현이가 모은 그림 카드들 중에서 파리, 서울, 베이징, 런던, 마닐라, 로마, 워싱턴등 7개 도시는 각 나라의 수도이다. 뉴욕, 홍콩, 부산, 나폴리, 상하이 등 5개 도시는 바다가 있는 항구 도시들이다.
해설	(① 수도) (② 항구 도시)

질문 유형	선택 구조 알고리즘의 개념에 대한 이해도를 물어보는 문제
풀이	☞ 수영이가 스마트폰 앱으로 영어 단어 맞추기 게임을 하기 위해 해야 하는 동작 순서는 다음과 같다. ① 스마트폰, 영어 단어 퀴즈 앱 → ② 스마트폰을 켠다. → ③ 영어 단어 퀴즈 앱을 실행한다. → ④ 영어 단어의 뜻 입력한다. → ⑤ 정답 확인 중 → ⑥ '정답이 맞는가?'를 확인하여, 만약 정답이 맞는다면 ⑦번 동작으로 진행하고, 만약 정답이 맞지 않는다면 ④번 동작으로 진행한다. → ⑦ 영어 단어 맞추기 게임 완료
해설	(① 영어 단어의 뜻을 입력한다.) (② 정답이 맞는가?)

질문 유형	선택 구조 알고리즘의 개념에 대한 이해도를 물어보는 문제
풀이	☞ 은서가 지하철을 타고 해운대해수욕장을 가기 위해 해야 하는 동작 순서는 다음과 같다. ① 지하철, 교통카드 → ② 지하철역으로 간다. → ③ 교통카드를 개찰구 인식기에 댄다. → ④ 지하철에 승차를 한다. → ⑤ 지하철을 타고 이동한다. → ⑥ 안내방송을 듣는다. → ⑦ '해운대역에 도착하였는가?'를 확인하여, 만약 도착하였다면 ⑧번 동작으로 진행하고, 만약 아직 도착하지 않았다면 ⑤번 동작으로 진행한다. → ⑧ 하차 후 해수욕장 방향으로 걸어간다. → ⑨ 해수욕장 도착 완료
해설	(① 교통카드를 개찰구 인식기에 댄다.) (② 지하철을 타고 이동을 한다.)

단계 01 폴더 경로 '/해답편/모의고사문제/모의고사2회/수험번호-성명/'에 있는 '문제6.sb3' 파일을 열기를 한다.

단계 02 [클릭했을 때] 명령블록에 [x: -251 y: -146 (으)로 이동하기] 명령블록을 드래그하여 연결한다.

단계 03 [x: -251 y: -146 (으)로 이동하기] 명령블록에 [출발 준비 되었습니까? 라고 묻고 기다리기] 명령블록을 드래그하여 연결한다.

단계 04 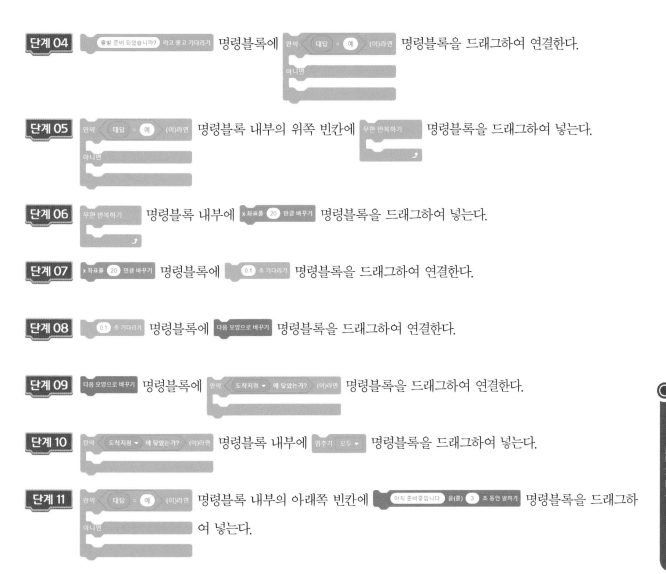 〔출발 준비 되었습니까? 라고 묻고 기다리기〕 명령블록에 〔만약 〔대답〕 = 예 (이)라면 아니면〕 명령블록을 드래그하여 연결한다.

단계 05 〔만약 〔대답〕 = 예 (이)라면 아니면〕 명령블록 내부의 위쪽 빈칸에 〔무한 반복하기〕 명령블록을 드래그하여 넣는다.

단계 06 〔무한 반복하기〕 명령블록 내부에 〔x좌표를 20 만큼 바꾸기〕 명령블록을 드래그하여 넣는다.

단계 07 〔x좌표를 20 만큼 바꾸기〕 명령블록에 〔0.1 초 기다리기〕 명령블록을 드래그하여 연결한다.

단계 08 〔0.1 초 기다리기〕 명령블록에 〔다음 모양으로 바꾸기〕 명령블록을 드래그하여 연결한다.

단계 09 〔다음 모양으로 바꾸기〕 명령블록에 〔만약 〔도착지점 ▾ 에 닿았는가?〕 (이)라면〕 명령블록을 드래그하여 연결한다.

단계 10 〔만약 〔도착지점 ▾ 에 닿았는가?〕 (이)라면〕 명령블록 내부에 〔멈추기 모두 ▾〕 명령블록을 드래그하여 넣는다.

단계 11 〔만약 〔대답〕 = 예 (이)라면 아니면〕 명령블록 내부의 아래쪽 빈칸에 〔아직 준비중입니다 을(를) 3 초 동안 말하기〕 명령블록을 드래그하여 넣는다.

• 완성된 자동차 스프라이트의 프로그램 코드는 다음과 같다.

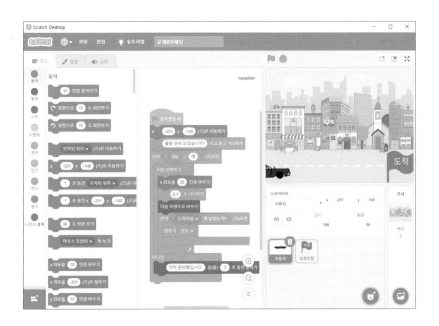

단계 01 폴더 경로 '/해답편/모의고사문제/모의고사2회/수험번호 − 성명/'에 있는 '문제7.sb3' 파일을 열기를 한다.

단계 02 스프라이트 영역에서 북극곰 스프라이트를 클릭한 다음 〔클릭했을 때〕 명령블록에 〔아 배고프다 말하기〕 명령블록을 드래그하여 연결한다.

단계 03 〔아 배고프다 말하기〕 명령블록에 〔연어 ▾ 에 달았는가? 까지 반복하기〕 명령블록을 드래그하여 연결한다.

단계 04 〔연어 ▾ 에 달았는가? 까지 반복하기〕 명령블록 내부에 〔연어 ▾ 쪽 보기〕 명령블록을 드래그하여 넣는다.

단계 05 〔연어 ▾ 쪽 보기〕 명령블록에 〔2 만큼 움직이기〕 명령블록을 드래그하여 연결한다.

단계 06 〔연어 ▾ 에 달았는가? 까지 반복하기〕 명령블록에 〔연어 잡았다! 을(를) 2 초 동안 말하기〕 명령블록을 드래그하여 연결한다.

단계 07 스프라이트 영역에서 연어 스프라이트를 클릭한 다음 〔클릭했을 때〕 명령블록에 〔무한 반복하기〕 명령블록을 드래그하여 연결한다.

단계 08 〔무한 반복하기〕 명령블록 내부에 〔마우스 포인터 ▾ 쪽 보기〕 명령블록을 드래그하여 넣는다.

단계 09 〔마우스 포인터 ▾ 쪽 보기〕 명령블록에 〔마우스 포인터 ▾ (으)로 이동하기〕 명령블록을 드래그하여 연결한다.

단계 10 〔마우스 포인터 ▾ (으)로 이동하기〕 명령블록에 〔만약 북극곰 ▾ 에 달았는가? (이)라면〕 명령블록을 드래그하여 연결한다.

단계 11 〔만약 북극곰 ▾ 에 달았는가? (이)라면〕 명령블록 내부에 〔멈추기 이 스크립트 ▾〕 명령블록을 드래그하여 넣는다.

- 완성된 북극곰 스프라이트와 연어 스프라이트의 프로그램 코드는 다음과 같다.

08 모범 답안

단계 01 폴더 경로 '/해답편/모의고사문제/모의고사2회/수험번호 – 성명/'에 있는 '문제8.sb3' 파일을 열기를 한다.

단계 02 스프라이트 영역에서 과일카드 스프라이트를 클릭한 다음 ▶️클릭했을때 명령블록에

과일 무료 증정 이벤트 시작합니다! 을(를) 2 초 동안 말하기 명령블록을 드래그하여 연결한다.

단계 03 추첨시작 ▾ 신호를 받았을 때 명령블록에 스페이스 ▾ 키를 눌렀는가? 까지 반복하기 명령블록을 드래그하여 연결한다.

단계 04 스페이스 ▾ 키를 눌렀는가? 까지 반복하기 명령블록 내부에 ↻ 방향으로 15 도 회전하기 명령블록을 드래그하여 넣는다.

단계 05 ↻ 방향으로 15 도 회전하기 명령블록에 0.1 초 기다리기 명령블록을 드래그하여 연결한다.

단계 06 0.1 초 기다리기 명령블록에 다음 모양으로 바꾸기 명령블록을 드래그하여 연결한다.

단계 07 스프라이트 영역에서 추첨 시작 스프라이트를 클릭한 다음 이 스프라이트를 클릭했을 때 명령블록에 추첨시작 ▾ 신호 보내기 명령블록을 드래그하여 연결한다.

• 완성된 과일카드 스프라이트와 추첨 시작 스프라이트의 프로그램 코드는 다음과 같다.

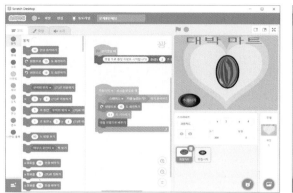 

09 모범 답안

단계 01 폴더 경로 '/해답편/모의고사문제/모의고사2회/수험번호 – 성명/'에 있는 '문제9.sb3' 파일을 열기를 한다.

단계 02 스프라이트 영역에서 다이버 스프라이트를 클릭한 다음 `클릭했을 때` 명령블록에 `물고기 몇마리 복제할까요? 라고 묻고 기다리기` 명령블록을 드래그하여 연결한다.

단계 03 `물고기 몇마리 복제할까요? 라고 묻고 기다리기` 명령블록에 `물고기복제 ▾ 신호 보내기` 명령블록을 드래그하여 연결한다.

단계 04 `물고기복제 ▾ 신호를 받았을 때` 명령블록에 `1 초 기다리기` 명령블록을 드래그하여 연결한다.

단계 05 `1 초 기다리기` 명령블록에 `만약 대답 + 1 나누기 2 의 나머지 = 0 (이)라면 아니면` 명령블록을 드래그하여 연결한다.

단계 06 `만약 대답 + 1 나누기 2 의 나머지 = 0 (이)라면 아니면` 명령블록 내부의 위쪽 빈칸에 `전체 물고기 수는 짝수입니다. 을(를) 3 초 동안 말하기` 명령블록을 드래그하여 넣는다.

단계 07 `만약 대답 + 1 나누기 2 의 나머지 = 0 (이)라면 아니면` 명령블록 내부의 아래쪽 빈칸에 `전체 물고기 수는 홀수입니다. 을(를) 3 초 동안 말하기` 명령블록을 드래그하여 넣는다.

단계 08 스프라이트 영역에서 물고기 스프라이트를 클릭한 다음  명령블록에 x: -153 y: -121 (으)로 이동하기 명령블록을 드래그하여 연결한다.

단계 09 물고기복제 ▾ 신호를 받았을 때 명령블록에 대답 번 반복하기 명령블록을 드래그하여 연결한다.

단계 10 대답 번 반복하기 명령블록 내부에 나 자신 ▾ 복제하기 명령블록을 드래그하여 넣는다.

단계 11 나 자신 ▾ 복제하기 명령블록에 x 좌표를 50 만큼 바꾸기 명령블록을 드래그하여 연결한다.

• 완성된 다이버 스프라이트와 물고기 스프라이트의 프로그램 코드는 다음과 같다.

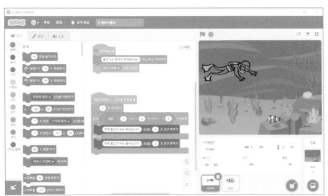

10 모범 답안

단계 01 폴더 경로 '/해답편/모의고사문제/모의고사2회/수험번호‒성명/'에 있는 '문제10.sb3' 파일을 열기를 한다.

단계 02 스프라이트 영역에서 아기곰 스프라이트를 클릭한다. [이벤트 이벤트] 명령블록 팔레트를 클릭한 다음 여기서 클릭했을 때 명령블록을 스크립트 영역으로 드래그한다.

단계 03 클릭했을 때 명령블록에 [동작 동작] 명령블록 팔레트를 클릭한 다음 여기서 x: 0 y: 0 (으)로 이동하기 명령블록을 드래그하여 연결한 후 x: 의 숫자 '0'을 '‒175'로 y: 의 숫자 '0'을 '‒62'로 수정한다.

단계 04 `x: -175 y: -62 (으)로 이동하기` 명령블록에 [변수 ○] 명령블록 팔레트를 클릭한 후 `먹은 음식량 ▼ 을(를) 0 로 정하기` 명령블록을 연결한다.

단계 05 `먹은 음식량 ▼ 을(를) 0 로 정하기` 명령블록에 `먹은 음식량 ▼ 을(를) 0 로 정하기` 명령블록을 한 개 더 드래그하여 연결한 후 '먹은 음식량'을 '일일 권장 음식량'으로 변경하고 숫자 '0'을 '2500'으로 수정한다.

단계 06 `일일 권장 음식량 ▼ 을(를) 2500 로 정하기` 명령블록에 [형태 ○] 명령블록 팔레트를 클릭한 다음 `안녕1 을(를) 2 초 동안 말하기` 명령블록을 드래그하여 연결한 후 '안녕!'을 '배고파!'로 수정한다.

단계 07 [이벤트 ○] 명령블록 팔레트를 클릭한 후 여기서 `메시지1 ▼ 신호를 받았을 때` 명령블록을 스크립트 영역의 빈 영역으로 드래그한 다음 '메시지1'을 클릭하여 새로운 메시지가 보이면 이것을 클릭하여 메시지 입력창을 띄우고 '먹었다'를 입력한 후 확인 버튼을 클릭한다.

단계 08 `먹었다 ▼ 신호를 받았을 때` 명령블록에 [제어 ○] 명령블록 팔레트를 클릭한 후 여기서 `만약 ◆ (이)라면 / 아니면` 명령블록을 드래그하여 연결한다.

단계 09 `만약 ◆ (이)라면 / 아니면` 명령블록의 조건 지정(◆)란에 [연산 ○] 명령블록 팔레트를 클릭한 후 여기서 `◯ < 50` 명령블록을 드래그하여 넣는다.

단계 10 `◯ < 50` 명령블록의 첫 번째 빈칸에는 [변수 ○] 명령블록 팔레트를 클릭한 후 `일일 권장 음식량` 명령블록을 드래그하여 넣고, 두 번째 빈칸에는 `먹은 음식량` 명령블록을 드래그하여 넣는다.

단계 11 `만약 일일 권장 음식량 < 먹은 음식량 (이)라면 / 아니면` 명령블록의 위쪽 빈칸에는 [형태 ○] 명령블록 팔레트를 클릭한 다음 `안녕1 을(를) 2 초 동안 말하기` 명령블록을 드래그하여 연결한 후 '안녕!'을 '아! 배불러'로 수정한다.

단계 12 `아! 배불러 을(를) 2 초 동안 말하기` 명령블록에 [제어 ○] 명령블록 팔레트를 클릭한 후 여기서 `멈추기 모두 ▼` 명령블록을 드래그하여 연결한다.

단계 13 `만약 일일 권장 음식량 < 먹은 음식량 (이)라면 / 아니면` 명령블록의 아래쪽 빈칸에는 한 개 더 `안녕1 을(를) 2 초 동안 말하기` 명령블록을 드래그하여 연결한 후 '안녕!'을 '더 먹을래'로 수정한다.

단계 14 스프라이트 영역에서 꿀 스프라이트를 클릭한다. [이벤트 ○이벤트] 명령블록 팔레트를 클릭한 다음 여기서 `클릭했을 때` 명령블록을 스크립트 영역으로 드래그한다.

단계 15 `클릭했을 때` 명령블록에 [동작 ○동작] 명령블록 팔레트를 클릭한 다음 여기서 `x: 0 y: 0 (으)로 이동하기` 명령블록을 드래그하여 연결한 후 x: 의 숫자 '0'을 '-68'으로 y: 의 숫자 '0'을 '41'로 수정한다.

단계 16 `x: -68 y: 41 (으)로 이동하기` 명령블록에 [형태 ○형태] 명령블록 팔레트를 클릭한 다음 여기서 `보이기` 명령블록을 드래그하여 연결한다.

단계 17 [이벤트 ○이벤트] 명령블록 팔레트를 클릭한 다음 여기서 `이 스프라이트를 클릭했을 때` 명령블록을 스크립트 영역의 빈 영역으로 드래그한다.

단계 18 `이 스프라이트를 클릭했을 때` 명령블록에 [변수 ○변수] 명령블록 팔레트를 클릭한 후 여기서 `먹은 음식량 ▾ 을(를) 1 만큼 바꾸기` 명령블록을 드래그하여 연결한 후 숫자 '1'을 '1500'으로 수정한다.

단계 19 `먹은 음식량 ▾ 을(를) 1500 만큼 바꾸기` 명령블록에 [동작 ○동작] 명령블록 팔레트를 클릭한 다음 여기서 `무작위 위치 ▾ (으)로 이동하기` 명령블록을 드래그하여 연결한 후 '무작위 위치'를 '아기곰'으로 변경한다.

단계 20 `아기곰 ▾ (으)로 이동하기` 명령블록에 [형태 ○형태] 명령블록 팔레트를 클릭한 다음 여기서 `숨기기` 명령블록을 드래그하여 연결한다.

단계 21 `숨기기` 명령블록에 [이벤트 ○이벤트] 명령블록 팔레트를 클릭한 다음 여기서 `먹었다 ▾ 신호 보내기` 명령블록을 드래그하여 연결한다.

단계 22 스프라이트 영역에서 사과 스프라이트를 클릭한다. [이벤트 ○이벤트] 명령블록 팔레트를 클릭한 다음 여기서 `클릭했을 때` 명령블록을 스크립트 영역으로 드래그한다.

단계 23 `클릭했을 때` 명령블록에 [동작 ○동작] 명령블록 팔레트를 클릭한 다음 여기서 `x: 0 y: 0 (으)로 이동하기` 명령블록을 드래그하여 연결한 후 x: 의 숫자 '0'을 '103'으로 y: 의 숫자 '0'을 '48'로 수정한다.

단계 24 `x: 103 y: 48 (으)로 이동하기` 명령블록에 [형태 ○형태] 명령블록 팔레트를 클릭한 다음 여기서 `보이기` 명령블록을 드래그하여 연결한다.

단계 25 [이벤트 이벤트] 명령블록 팔레트를 클릭한 다음 여기서 이 스프라이트를 클릭했을 때 명령블록을 스크립트 영역의 빈 영역으로 드래그한다.

단계 26 이 스프라이트를 클릭했을 때 명령블록에 [변수 변수] 명령블록 팔레트를 클릭한 다음 여기서 먹은 음식량 ▼ 을(를) 1 만큼 바꾸기 명령블록을 드래그하여 연결한 후 숫자 '1'을 '600'으로 수정한다.

단계 27 먹은 음식량 ▼ 을(를) 600 만큼 바꾸기 명령블록에 [동작 동작] 명령블록 팔레트를 클릭한 다음 여기서 무작위 위치 ▼ (으)로 이동하기 명령블록을 드래그하여 연결한 후 '무작위 위치'를 '아기곰'으로 변경한다.

단계 28 아기곰 ▼ (으)로 이동하기 명령블록에 [형태 형태] 명령블록 팔레트를 클릭한 다음 여기서 숨기기 명령블록을 드래그하여 연결한다.

단계 29 숨기기 명령블록에 [이벤트 이벤트] 명령블록 팔레트를 클릭한 다음 여기서 먹었다 ▼ 신호 보내기 명령블록을 드래그하여 연결한다.

단계 30 스프라이트 영역에서 바나나 스프라이트를 클릭한다. [이벤트 이벤트] 명령블록 팔레트를 클릭한 다음 여기서 ⏴ 클릭했을 때 명령블록을 스크립트 영역으로 드래그한다.

단계 31 ⏴ 클릭했을 때 명령블록에 [동작 동작] 명령블록 팔레트를 클릭한 다음 여기서 x: 0 y: 0 (으)로 이동하기 명령블록을 드래그하여 연결한 후 x: 의 숫자 '0'을 '-50'으로 y: 의 숫자 '0'을 '-108'로 수정한다.

단계 32 x: -50 y: -108 (으)로 이동하기 명령블록에 [형태 형태] 명령블록 팔레트를 클릭한 다음 여기서 보이기 명령블록을 드래그하여 연결한다.

단계 33 [이벤트 이벤트] 명령블록 팔레트를 클릭한 다음 여기서 이 스프라이트를 클릭했을 때 명령블록을 스크립트 영역의 빈 영역으로 드래그한다.

단계 34 이 스프라이트를 클릭했을 때 명령블록에 [변수 변수] 명령블록 팔레트를 클릭한 후 여기서 먹은 음식량 ▼ 을(를) 1 만큼 바꾸기 명령블록을 드래그하여 연결한 후 숫자 '1'을 '700'으로 수정한다.

단계 35 먹은 음식량 ▼ 을(를) 700 만큼 바꾸기 명령블록에 [동작 동작] 명령블록 팔레트를 클릭한 다음 여기서 무작위 위치 ▼ (으)로 이동하기 명령블록을 드래그하여 연결한 후 '무작위 위치'를 '아기곰'으로 변경한다.

단계 36 `아기곰 ▼ (으)로 이동하기` 명령블록에 [형태 `형태`] 명령블록 팔레트를 클릭한 다음 여기서 `숨기기` 명령블록을 드래그하여 연결한다.

단계 37 `숨기기` 명령블록에 [이벤트 `이벤트`] 명령블록 팔레트를 클릭한 다음 여기서 `먹었다 ▼ 신호 보내기` 명령블록을 드래그하여 연결한다.

단계 38 스프라이트 영역에서 수박 스프라이트를 클릭한다. [이벤트 `이벤트`] 명령블록 팔레트를 클릭한 다음 여기서 `클릭했을 때` 명령블록을 스크립트 영역으로 드래그 한다.

단계 39 `클릭했을 때` 명령블록에 [동작 `동작`] 명령블록 팔레트를 클릭한 다음 여기서 `x: 0 y: 0 (으)로 이동하기` 명령블록을 드래그하여 연결한 후 x: 의 숫자 '0'을 '103'으로 y: 의 숫자 '0'을 '-91'으로 수정한다.

단계 40 `x: 103 y: -91 (으)로 이동하기` 명령블록에 [형태 `형태`] 명령블록 팔레트를 클릭한 다음 여기서 `보이기` 명령블록을 드래그하여 연결한다.

단계 41 [이벤트 `이벤트`] 명령블록 팔레트를 클릭한 다음 여기서 `이 스프라이트를 클릭했을 때` 명령블록을 스크립트 영역의 빈 영역으로 드래그한다.

단계 42 `이 스프라이트를 클릭했을 때` 명령블록에 [변수 `변수`] 명령블록 팔레트를 클릭한 다음 여기서 `먹은 음식량 ▼ 을(를) 1 만큼 바꾸기` 명령블록을 드래그하여 연결한 후 숫자 '1'을 '500'으로 수정한다.

단계 43 `먹은 음식량 ▼ 을(를) 500 만큼 바꾸기` 명령블록에 [동작 `동작`] 명령블록 팔레트를 클릭한 다음 여기서 `무작위 위치 ▼ (으)로 이동하기` 명령블록을 드래그하여 연결한 후 '무작위 위치'를 '아기곰'으로 변경한다.

단계 44 `아기곰 ▼ (으)로 이동하기` 명령블록에 [형태 `형태`] 명령블록 팔레트를 클릭한 다음 여기서 `숨기기` 명령블록을 드래그하여 연결한다.

단계 45 `숨기기` 명령블록에 [이벤트 `이벤트`] 명령블록 팔레트를 클릭한 다음 여기서 `먹었다 ▼ 신호 보내기` 명령블록을 드래그하여 연결한다.

● 완성된 아기곰 스프라이트, 꿀 스프라이트, 사과 스프라이트, 바나나 스프라이트, 수박 스프라이트의 프로그램 코드는 다음과 같다.

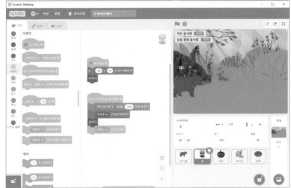

최신 기출문제 유형 1회 풀이

01 해답 풀이

질문 유형	자료 분류 개념에 대한 이해도를 물어보는 문제
풀이	한솔이는 화요일 오전 9시~오후 1시까지 스케줄이 없고 수요일 오후 2시 이후에도 스케줄이 없지만, 화요일 오전에는 아이돌 스타의 공연 스케줄이 없고 수요일 오후에는 에이핑크의 공연 스케줄이 오후 3시부터 2시간 동안 잡혀 있다. 따라서 한솔이는 수요일 오후 에이핑크의 공연을 볼 수 있다.
해설	(① 에이핑크) (② 수)

02 해답 풀이

질문 유형	사고력 추상화 개념에 대한 이해도를 물어보는 문제
풀이	상하 대칭 결과를 보면 (가)에 들어갈 도형은 삼각형 (나)에 들어갈 도형은 오각형, (다)에 들어갈 도형은 평행사변형이다. 이 도형들의 공통적인 특징은 다각형에 속한다는 것이다.
해설	(① B) (② E)

질문 유형	사고력 추상화 개념에 대한 이해도를 물어보는 문제
풀이	연지가 좋아하는 아이템 목록들에 분류 기준을 적용하면 연지의 아이템 목록들 중에서 햄스터, 고양이는 동물에 해당하고, 사인펜, 샤프, 컬러 사인펜, 볼펜은 필기도구에 해당한다. 연지의 아이템들 중에서 식물, 장난감, 음식에 해당하는 아이템 목록은 없다.
해설	(① 동물) (② 필기도구)

질문 유형	순차 구조 알고리즘의 개념에 대한 이해도를 물어보는 문제
풀이	☞ 소영이가 청소를 하기 위해 해야 하는 동작 순서는 다음과 같다. ① 청소기, 걸레 → ② 청소기를 돌린다. → ③ 바닥을 걸레로 닦는다. → ④ 걸레를 빤다. → ⑤ 걸레를 건조대에 걸어둔다. → ⑥ 청소 끝.
해설	(① 청소기를 돌린다.) (② 걸레를 빤다.)

질문 유형	선택 구조 알고리즘의 개념에 대한 이해도를 물어보는 문제
풀이	☞ 아리가 서로 다른 컬러의 공 10개가 들어 있는 주머니에서 빨간색 공을 뽑기 위해 해야 하는 동작 순서는 다음과 같다. ① 컬러 공 10개, 빈 주머니 → ② 빈 주머니에 모든 공을 넣는다. → ③ 주머니에서 공 1개를 꺼낸다. → ④ '뽑힌 공이 빨간색인가?' 확인하여, 만약 빨간색 공이면 ⑤번 동작으로 진행하고, 만약 빨간색 공이 아니라면 ③번 동작으로 진행한다. → ⑤ '야호! 빨간색 공이다'를 외친다. → ⑥ 빨간색 공 뽑기 완료
해설	(① 주머니에서 공 1개를 꺼낸다.) (② '야호! 빨간색 공이다!'를 외친다.)

06 모범 답안

단계 01 폴더 경로 '/해답편/기출문제유형/기출문제유형1회/수험번호 – 성명/'에 있는 '문제6.sb3' 파일을 열기한다.

단계 02 스크립트 영역에 있는 『클릭했을 때』 명령블록에 『투명도 ▾ 효과를 20 만큼 바꾸기』 명령블록을 연결한다.

단계 03 『위쪽 화살표 ▾ 키를 눌렀을 때』 명령블록에 『y좌표를 10 만큼 바꾸기』 명령블록을 연결한다.

단계 04 『아래쪽 화살표 ▾ 키를 눌렀을 때』 명령블록에 『y좌표를 -10 만큼 바꾸기』 명령블록을 연결한다.

단계 05 『오른쪽 화살표 ▾ 키를 눌렀을 때』 명령블록에 『x좌표를 10 만큼 바꾸기』 명령블록을 연결한다.

단계 06 『왼쪽 화살표 ▾ 키를 눌렀을 때』 명령블록에 『x좌표를 -10 만큼 바꾸기』 명령블록을 연결한다.

• 완성된 꽃게 스프라이트의 프로그램 코드는 다음과 같다.

단계 01 폴더 경로 '/해답편/기출문제유형/기출문제유형1회/수험번호 – 성명/'에 있는 '문제7.sb3' 파일을 열기한다.

단계 02 스크립트 영역에 있는 ⬚ 클릭했을 때 명령블록에 ⬚ 무한 반복하기 명령블록을 드래그하여 연결한다.

단계 03 ⬚ 무한 반복하기 명령블록 내부에 ⬚ 마우스 포인터 ▼ (으)로 이동하기 명령블록을 드래그하여 넣는다.

단계 04 ⬚ 마우스 포인터 ▼ (으)로 이동하기 명령블록에 ⬚ 만약 마우스를 클릭했는가? (이)라면 명령블록을 드래그하여 연결한다.

단계 05 ⬚ 만약 마우스를 클릭했는가? (이)라면 명령블록 내부에 ⬚ 도장찍기 명령블록을 드래그하여 넣는다.

단계 06 ⬚ 아래쪽 화살표 ▼ 키를 눌렀을 때 명령블록에 ⬚ 크기를 -5 만큼 바꾸기 명령블록을 드래그하여 연결한다.

단계 07 ⬚ 위쪽 화살표 ▼ 키를 눌렀을 때 명령블록에 ⬚ 크기를 5 만큼 바꾸기 명령블록을 드래그하여 연결한다.

• 완성된 풍선 스프라이트의 프로그램 코드는 다음과 같다.

08 모범 답안

단계 01 폴더 경로 '/해답편/기출문제유형/기출문제유형1회/수험번호–성명/'에 있는 '문제8.sb3' 파일을 열기한다.

단계 02 스크립트 영역에 있는 `클릭했을 때` 명령블록에 `모양을 batter-a ▼ (으)로 바꾸기` 명령블록을 드래그하여 연결한다.

단계 03 `모양을 batter-a ▼ (으)로 바꾸기` 명령블록에 `횟수 ▼ 을(를) 0 로 정하기` 명령블록을 드래그하여 연결한다.

단계 04 `횟수 ▼ 을(를) 0 로 정하기` 명령블록에 `10 번 반복하기` 명령블록을 드래그하여 연결한다.

단계 05 `10 번 반복하기` 명령블록 내부에 `4 번 반복하기` 명령블록을 드래그하여 넣는다.

단계 06 `4 번 반복하기` 명령블록 내부에 `다음 모양으로 바꾸기` 명령블록을 드래그하여 넣는다.

단계 07 `다음 모양으로 바꾸기` 명령블록에 `0.5 초 기다리기` 명령블록을 드래그하여 연결한다.

단계 08 `4 번 반복하기` 명령블록에 `횟수 ▼ 을(를) 1 만큼 바꾸기` 명령블록을 드래그하여 연결한다.

• 완성된 야구선수 타자 스프라이트의 프로그램 코드는 다음과 같다.

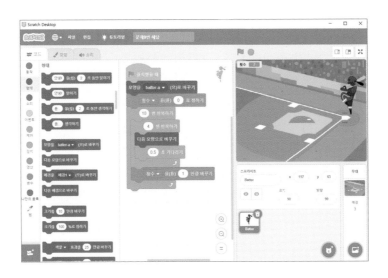

단계 01 폴더 경로 '/해답편/기출문제유형/기출문제유형1회/수험번호 - 성명/'에 있는 '문제9.sb3' 파일을 열기한다.

단계 02 스크립트 영역에 있는 [클릭했을 때] 명령블록에 [클릭횟수 ▼ 을(를) 0 로 정하기] 명령블록을 드래그하여 연결한다.

단계 03 [클릭횟수 ▼ 을(를) 0 로 정하기] 명령블록에 [무한 반복하기] 명령블록을 드래그하여 연결한다.

단계 04 [무한 반복하기] 명령블록 내부에 [x: -220 부터 220 사이의 난수 y: -100 부터 100 사이의 난수 (으)로 이동하기] 명령블록을 드래그하여 넣는다.

단계 05 [x: -220 부터 220 사이의 난수 y: -100 부터 100 사이의 난수 (으)로 이동하기] 명령블록에 [1 초 기다리기] 명령블록을 드래그하여 연결한다.

단계 06 [이 스프라이트를 클릭했을 때] 명령블록에 [클릭횟수 ▼ 을(를) 1 만큼 바꾸기] 명령블록을 드래그하여 연결한다.

• 완성된 사막여우 스프라이트의 프로그램 코드는 다음과 같다.

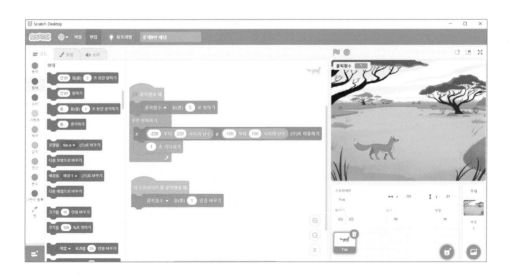

단계 01 폴더 경로 '/해답편/기출문제유형/기출문제유형1회/수험번호- 성명/'에 있는 '문제10.sb3' 파일을 열기한다.

단계 02 스프라이트 영역에서 현수 스프라이트를 클릭한다. 스크립트 영역에 있는 [클릭했을 때] 명령블록에 [형태] 명령블록 팔레트를 클릭한 다음 여기서 [안녕! 을(를) 2 초 동안 말하기] 명령블록을 드래그하여 연결한 후 '안녕!'을 '유진아 이야기 좀 할까?'로 수정한다.

단계 03 스프라이트 영역에서 유진 스프라이트를 클릭한다. 스크립트 영역에 있는 [클릭했을 때] 명령블록에 [형태] 명령블록 팔레트를 클릭한 다음 여기서 [모양을 avery walking-a ▼ (으)로 바꾸기] 명령블록을 드래그하여 연결한다.

단계 04 [모양을 avery walking-a ▼ (으)로 바꾸기] 명령블록에 [동작] 명령블록 팔레트를 클릭한 다음 여기서 [x: 0 y: 0 (으)로 이동하기] 명령블록을 드래그하여 연결한 후 x: 숫자 '0'을 '193'으로 y: 숫자 '0'을 '-71'로 수정한다.

단계 05 [x: 193 y: -71 (으)로 이동하기] 명령블록에 계속해서 [동작] 명령블록 팔레트에 있는 [90 도 방향 보기] 명령블록을 드래그하여 연결한다.

단계 06 [90 도 방향 보기] 명령블록에 [제어] 명령블록 팔레트를 클릭한 다음 여기서 [1 초 기다리기] 명령블록을 드래그하여 연결한 후 숫자 '1'을 '2'로 수정한다.

단계 07 [2 초 기다리기] 명령블록에 [형태] 명령블록 팔레트를 클릭한 다음 여기서 [안녕! 을(를) 2 초 동안 말하기] 명령블록을 드래그하여 연결한 후 '안녕!'을 '그래 현수야'로 수정하고 숫자 '2'를 '1'로 수정한다.

단계 08 [그래 현수야 을(를) 1 초 동안 말하기] 명령블록에 [제어] 명령블록 팔레트를 클릭한 다음 여기서 [1 초 기다리기] 명령블록을 드래그하여 연결한다.

단계 09 [1 초 기다리기] 명령블록에 [동작] 명령블록 팔레트를 클릭한 다음 여기서 [마우스 포인터 ▼ 쪽 보기] 명령블록을 드래그하여 연결한 후 '마우스 포인터'를 '현수'로 변경한다.

단계 10 [현수 ▼ 쪽 보기] 명령블록에 [제어] 명령블록 팔레트를 클릭한 다음 여기서 [10 번 반복하기] 명령블록을 드래그하여 연결한 후 숫자 '10'을 '30'으로 수정한다.

단계 11  `30 번 반복하기` 명령블록 내부에 [동작 🔴 동작] 명령블록 팔레트를 클릭한 다음 여기서 `x좌표를 10 만큼 바꾸기` 명령블록을 드래그하여 넣은 후 숫자 '10'을 '-10'으로 수정한다.

단계 12 `x좌표를 -10 만큼 바꾸기` 명령블록에 [형태 🔴 형태] 명령블록 팔레트를 클릭한 다음 여기서 `다음 모양으로 바꾸기` 명령블록을 드래그하여 연결한다.

단계 13 `다음 모양으로 바꾸기` 명령블록에 [제어 🔴 제어] 명령블록 팔레트를 클릭한 다음 여기서 `1 초 기다리기` 명령블록을 드래그하여 연결한 후 숫자 '1'을 '0.1'로 수정한다.

단계 14 `30 번 반복하기` 명령블록에 [형태 🔴 형태] 명령블록 팔레트를 클릭한 다음 여기서 `안녕! 을(를) 2 초 동안 말하기` 명령블록을 드래그하여 연결한 후 '안녕!'을 '말해봐~'로 숫자 '2'를 '4'로 수정한다.

• 완성된 현수 스프라이트와 유진 스프라이트의 프로그램 코드는 다음과 같다.

최신 기출문제 유형 2회 풀이

01 해답 풀이

질문 유형	자료 분류 개념에 대한 이해도를 물어보는 문제
풀이	선아네 반 아이들이 가장 좋아하는 과일을 종류별로 숫자를 세어 본 결과 사과를 좋아하는 아이는 이혜지, 소유미, 이영민, 오하민 4명이고, 딸기를 좋아하는 아이는 윤민아, 안수진, 우소리, 정다빈, 양하진, 최영준 6명, 바나나를 좋아하는 아이는 전지훈, 최정민, 최나리 3명, 키위를 좋아하는 아이는 박한별, 한아름, 송찬, 이영진, 김새롬 5명이다.
해설	(① 4) (② 5)

02 해답 풀이

질문 유형	2진수 표현 사고력에 대한 이해도를 물어보는 문제
풀이	영재의 낱말 카드에서 글자가 있는 칸은 1로, 빈칸은 0으로 해석된다. 따라서 낱말 카드를 왼쪽 위 첫 번째 칸부터 2진수로 표현하면 다음과 같다. 첫 번째 줄은 1 0 0 1 0, 두 번째 줄은 1 1 1 1 0, 세 번째 줄은 0 1 0 0 1, 네 번째 줄은 0 1 1 0 1, 다섯 번째 줄은 1 0 1 0 1, 마지막 줄은 1 1 1 0 0이 된다.
해설	(① 0) (② 1)

03 해답 풀이

질문 유형	사고력 추상화 개념에 대한 이해도를 물어보는 문제
풀이	인터넷 기사를 보았을 때 올봄에 유행하는 액세서리는 길이가 긴 형태의 귀걸이 종류이다. 은비 엄마가 가진 액세서리들 중에서 (가)와 (바)는 길이가 긴 형태의 귀걸이다. 그러나 (나)와 (라)는 길이가 짧은 형태 귀걸이고 나머지는 귀걸이가 아니다.
해설	(① 가) (② 바)

04 해답 풀이

질문 유형	순차 구조 알고리즘의 개념에 대한 이해도를 물어보는 문제
풀이	☞ 윤성이가 게임을 하기 위해 해야 하는 동작 순서는 다음과 같다. ① 스마트폰 → ② 스마트폰을 켠다. → ③ 게임 앱을 검색한다. → ④ 게임 앱을 실행한다. → ⑤ 게임을 한다. → ⑥ 게임하기 끝
해설	(① 스마트폰을 켠다) (② 게임을 한다.)

05 해답 풀이

질문 유형	선택 구조 알고리즘의 개념에 대한 이해도를 물어보는 문제.
풀이	☞ 해준이가 과자를 사기 위해 해야 하는 동작 순서는 다음과 같다. ①편의점, 돈, 과자 → ② 과자 살 돈을 챙긴다. → ③ 편의점을 향해 걸어간다. → ④ '편의점에 도착을 했는가?'를 확인하여 만약 도착하였다면 ⑤번 동작으로 진행하고, 만약 도착하지 않았다면 ③번 동작으로 진행한다. → ⑤ 과잣값을 계산한다. → ⑥ 과자 사기 완료
해설	(① 편의점, 돈, 과자) (② 편의점에 도착을 했는가?)

단계 01 폴더 경로 '/해답편/기출문제유형/기출문제유형2회/수험번호–성명/'에 있는 '문제6.sb3' 파일을 열기한다.

단계 02 스프라이트 영역에서 자동차 스프라이트를 클릭한다. 스크립트 영역에 있는 2개의 [클릭했을 때] 명령블록들 중에서 한 개의 명령블록에 2개의 [무한 반복하기] 명령블록들 중에서 한 개를 선택하여 드래그하여 연결한다.

단계 03 바로 앞의 단계에서 연결한 [무한 반복하기] 명령블록 내부에 [만약 차단기▼ 에 닿았는가? (이)라면] 명령블록을 드래그하여 넣는다.

단계 04 [만약 차단기▼ 에 닿았는가? (이)라면] 명령블록 내부에 [차단기 열림▼ 신호 보내기] 명령블록을 드래그하여 넣는다.

단계 05 남은 한 개의 [클릭했을 때] 명령블록에 [x: -170 y: -100 (으)로 이동하기] 명령블록을 드래그하여 연결한다.

단계 06 [x: -170 y: -100 (으)로 이동하기] 명령블록에 남은 한 개의 [무한 반복하기] 명령블록을 드래그하여 연결한다.

단계 07 바로 앞의 단계에서 연결한 [무한 반복하기] 명령블록 내부에 [x좌표를 10 만큼 바꾸기] 명령블록을 드래그하여 넣는다.

단계 08 [x좌표를 10 만큼 바꾸기] 명령블록에 [다음 모양으로 바꾸기] 명령블록을 드래그하여 연결한다.

단계 09 [다음 모양으로 바꾸기] 명령블록에 [0.5 초 기다리기] 명령블록을 드래그하여 연결한다.

단계 10 스프라이트 영역에서 차단기 스프라이트를 클릭한다. 스크립트 영역에 있는 [클릭했을 때] 명령블록에 [x: 210 y: 0 (으)로 이동하기] 명령블록을 드래그하여 연결한다.

단계 11 [차단기 열림▼ 신호를 받았을 때] 명령블록에 [100 만큼 움직이기] 명령블록을 드래그하여 연결한다.

• 완성된 자동차 스프라이트와 차단기 스프라이트의 프로그램 코드는 다음과 같다.

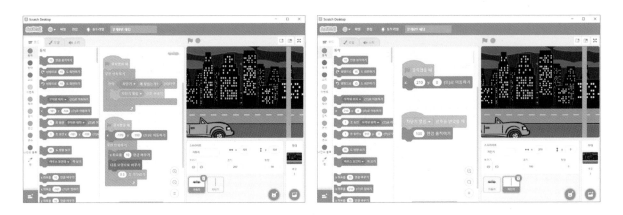

07 모범 답안

단계 01 폴더 경로 '/해답편/기출문제유형/기출문제유형2회/수험번호-성명/'에 있는 '문제7.sb3' 파일을 열기한다.

단계 02 스크립트 영역에 있는 [클릭했을 때] 명령블록에 [무한 반복하기] 명령블록을 드래그하여 연결한다.

단계 03 [무한 반복하기] 명령블록 내부에 [10 만큼 움직이기] 명령블록을 드래그하여 넣는다.

단계 04 [10 만큼 움직이기] 명령블록에 [벽에 닿으면 튕기기] 명령블록을 드래그하여 연결한다.

단계 05 [스페이스 키를 눌렀을 때] 명령블록에 [모양을 기린2 (으)로 바꾸기] 명령블록을 드래그하여 연결한다.

단계 06 [모양을 기린2 (으)로 바꾸기] 명령블록에 2개의 [10 번 반복하기] 명령블록들 중에서 한 개를 선택하여 드래그하여 연결한다.

단계 07 바로 앞의 단계에서 연결한 [10 번 반복하기] 명령블록 내부에 [y좌표를 5 만큼 바꾸기] 명령블록을 드래그하여 넣는다.

단계 08 단계 6에서 연결한 명령블록 바로 아래쪽에 남은 한 개의 명령블록을 드래그하여 연결한다.

단계 09 바로 앞의 단계에서 연결한 명령블록 내부에 명령블록을 드래그하여 연결한다.

단계 10 바로 앞의 단계에서 연결한 명령블록에 명령블록을 드래그하여 연결한다.

• 완성된 기린 스프라이트의 프로그램 코드는 다음과 같다.

 **모범 답안**

단계 01 폴더 경로 '/해답편/기출문제유형/기출문제유형2회/수험번호 – 성명/'에 있는 '문제8.sb3' 파일을 열기한다.

단계 02 스프라이트 영역에서 우주인 스프라이트를 클릭한다. 스크립트 영역에 있는 ⬜⬜⬜ 명령블록에 ⬜⬜⬜ 명령블록을 연결한다.

단계 03 스프라이트 영역에서 우주선 스프라이트를 클릭한다. 스크립트 영역에 있는 2개의 `클릭했을때` 명령블록들 중에서 한 개를 선택하여 여기에 `x: -300 y: -45 (으)로 이동하기` 명령블록을 드래그하여 연결한다.

단계 04 `x: -300 y: -45 (으)로 이동하기` 명령블록에 2개의 `무한 반복하기` 명령블록들 중에서 한 개를 선택하여 드래그하여 연결한다.

단계 05 바로 앞의 단계에서 연결한 `무한 반복하기` 명령블록 내부에 `x좌표를 5 만큼 바꾸기` 명령블록을 드래그하여 넣는다.

단계 06 남은 한 개의 `클릭했을 때` 명령블록에 남은 한 개의 `무한 반복하기` 명령블록을 드래그하여 연결한다.

단계 07 바로 앞의 단계에서 연결한 `무한 반복하기` 명령블록 내부에 `만약 행성 ▾ 에 닿았는가? (이)라면` 명령블록을 드래그하여 넣는다.

단계 08 `만약 행성 ▾ 에 닿았는가? (이)라면` 명령블록 내부에 `도킹하라~~~ ▾ 신호 보내기` 명령블록을 드래그하여 넣는다.

단계 09 `만약 행성 ▾ 에 닿았는가? (이)라면` 명령블록에 `만약 우주인 ▾ 까지의 거리 < 120 (이)라면` 명령블록을 드래그하여 연결한다.

단계 10 `만약 우주인 ▾ 까지의 거리 < 120 (이)라면` 명령블록 내부에 `멈추기 모두 ▾` 명령블록을 드래그하여 넣는다.

• 완성된 우주선 스프라이트와 우주인 스프라이트의 프로그램 코드는 다음과 같다.

단계 01 폴더 경로 '/해답편/기출문제유형/기출문제유형2회/수험번호 – 성명/'에 있는 '문제9.sb3' 파일을 열기한다.

단계 02 스프라이트 영역에서 학생 스프라이트를 클릭한다. 스크립트 영역에 있는 ▷ 클릭했을 때 명령블록에 [배경을 학교 ▼ (으)로 배꾸기] 명령블록을 드래그하여 연결한다.

단계 03 [배경을 학교 ▼ (으)로 배꾸기] 명령블록에 [x: -200 y: -90 (으)로 이동하기] 명령블록을 드래그하여 연결한다.

단계 04 [x: -200 y: -90 (으)로 이동하기] 명령블록에 [20 번 반복하기] 명령블록을 드래그하여 연결한다.

단계 05 [20 번 반복하기] 명령블록 내부에 [10 만큼 움직이기] 명령블록을 드래그하여 넣는다.

단계 06 [10 만큼 움직이기] 명령블록에 [만약 현관손잡이 ▼ 에 닿았는가? (이)라면] 명령블록을 드래그하여 연결한다.

단계 07 [만약 현관손잡이 ▼ 에 닿았는가? (이)라면] 명령블록 내부에 [배경을 교실 ▼ (으)로 배꾸기] 명령블록을 드래그하여 넣는다.

단계 08 [배경이 교실 ▼ (으)로 배뀌었을 때] 명령블록에 [안녕! 을(를) 2 초 동안 말하기] 명령블록을 드래그하여 연결한다.

단계 09 스프라이트 영역에서 '현관손잡이' 스프라이트를 클릭한다. 스크립트 영역에 있는 ▷ 클릭했을 때 명령블록에 [보이기] 명령블록을 드래그하여 연결한다.

단계 10 [보이기] 명령블록에 [무한 반복하기] 명령블록을 드래그하여 연결한다.

단계 11 [무한 반복하기] 명령블록 내부에 [만약 (이)라면] 명령블록을 드래그하여 넣는다.

단계 12 [만약 (이)라면] 명령블록의 조건 지정 칸 (◇)에 [학생 ▼ 에 닿았는가?] 명령블록을 드래그하여 넣는다.

단계 13 [만약 학생 ▼ 에 닿았는가? (이)라면] 명령블록 내부에 [숨기기] 명령블록을 드래그하여 넣는다.

• 완성된 학생 스프라이트와 현관손잡이 스프라이트의 프로그램 코드는 다음과 같다.

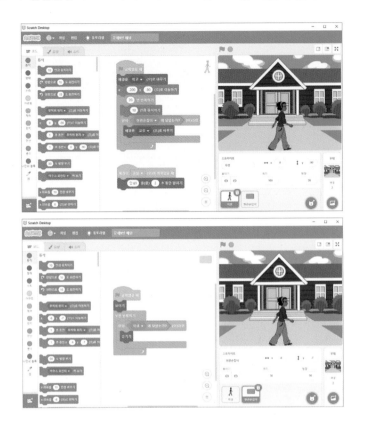

10 모범 답안

단계 01 폴더 경로 "/해답편/기출문제유형/기출문제유형2회/수험번호 – 성명/"에 있는 "문제10.sb3" 파일을 열기를 한다.

단계 02 스크립트 영역에 있는 ![클릭됐을 때] 명령블록에 [제어 ●] 명령블록 팔레트를 클릭한 다음 여기서 명령블록을 드래그하여 연결한다.

단계 03 `무한 반복하기` 명령블록 내부에 [동작 ●동작] 명령블록 팔레트를 클릭한 다음 여기서 `10 만큼 움직이기` 명령블록을 드래그하여 넣는다.

단계 04 `10 만큼 움직이기` 명령블록에 [형태 ●형태] 명령블록 팔레트를 클릭한 다음 여기서 `다음 모양으로 바꾸기` 명령블록을 드래그하여 연결한다.

단계 05 `다음 모양으로 바꾸기` 명령블록에 [제어 ●제어] 명령블록 팔레트를 클릭한 다음 여기서 `1 초 기다리기` 명령블록을 드래그하여 연결한 후 숫자 '1'을 '0.1'로 수정한다.

단계 06 `0.1 초 기다리기` 명령블록에 계속해서 같은 제어 명령블록 팔레트에 있는 `만약 ◇ (이)려면` 명령블록을 드래그하여 연결한 후 이 명령블록의 조건 지정 칸 (◇)에 [감지 ●감지] 명령블록 팔레트를 클릭한 다음, 여기서 `마우스 포인터 ▼ 에 닿았는가?` 명령블록을 드래그하여 넣은 후 '마우스 포인터'를 '벽'으로 변경한다.

단계 07 `만약 벽 ▼ 에 닿았는가? (이)라면` 명령블록 내부에 [동작 ●동작] 명령블록 팔레트를 클릭한 다음 여기서 `↻ 방향으로 15 도 회전하기` 명령블록을 드래그하여 넣은 후 숫자 '15'를 '180'으로 수정한다.

- 완성된 얼룩말 스프라이트의 프로그램 코드는 다음과 같다.

최신 기출문제 유형 3회 풀이

01 해답 풀이

질문 유형	패턴 찾기 개념에 대한 이해도를 물어보는 문제
풀이	채린이가 가진 전구의 색상이 나타나는 순서는 빨간색, 빨간색, 초록색, 노란색 순서로 돌아가면서 계속해서 바뀐다.
해설	(① (C)) (② (A))

02 해답 풀이

질문 유형	사고력 추상화 개념에 대한 이해도를 물어보는 문제
풀이	육지에서 이용할 수 있는 교통수단으로는 버스, 말, 자동차, 기차, 자전거 등이 있다. 바다에서만 이용하는 교통수단은 배이고, 헬리콥터는 하늘에서만 이용할 수 있는 교통수단이다.
해설	(① (A)) (② (F))

질문 유형	사고력 추상화 개념에 대한 이해도를 물어보는 문제
풀이	민설이가 지훈이에게 코끼리에 대하여 설명을 하고 있다. 민설이의 설명 내용 중에서 코끼리의 특징을 가장 잘 설명하고 있는 것은 '이것은 코가 아주 길어'라는 것과 '이것은 몸집이 아주 큰 편에 속하는 초식동물이야'라는 것 2가지이다.
해설	(① B) (② E)

질문 유형	반복 구조 알고리즘의 개념에 대한 이해도를 물어보는 문제
풀이	☞ 한나가 과일을 씻기 위해 해야 하는 동작 순서는 다음과 같다. ① 과일 10개, 바구니, 수도 → ② 수도꼭지를 연다. → ③ ④~⑤번 동작을 10번 반복한다. → ④ 과일을 씻는다. → ⑤ 과일을 바구니에 담는다. → ⑥ 과일 씻기 완료
해설	(① 10번 반복) (② 과일을 바구니에 담는다.)

질문 유형	선택 구조 알고리즘의 개념에 대한 이해도를 물어보는 문제
풀이	☞ 채영이가 똘똘이의 비만도를 알아보기 위해 해야 하는 동작 순서는 다음과 같다. ① 똘똘이, 체중계 → ② 똘똘이 몸무게 재기 → ③ 비만도 기준표와 똘똘이 몸무게 비교하기 → ④ '4kg이 넘는가?'를 확인하여, 만약 4kg이 넘지 않는다면 ⑤번 동작으로 진행하고, 만약 4kg이 넘는다면 ⑥번 동작을 수행하고 곧바로 ⑨번 동작으로 진행한다. → ⑤ '1.8kg보다 적은가?'를 확인하여, 만약 적다면 ⑦번 동작을 수행하고 곧바로 ⑨번 동작으로 진행한다. 만약 1.8kg보다 적지 않았다면 ⑧번 동작으로 진행한다. → ⑥ '비만'이라고 말하기 → ⑦ '미달'이라고 말하기 → ⑧ '정상'이라고 말하기 → ⑨ 비만도 측정 완료
해설	(① 비만도 기준표와 똘똘이 몸무게 비교하기) (② '미달'이라고 말하기)

단계 01 폴더 경로 '/해답편/기출문제유형/기출문제유형3회/수험번호 – 성명/'에 있는 '문제6.sb3' 파일을 열기한다.

단계 02 스크립트 영역에 있는 [클릭했을 때] 명령블록에 [클릭횟수 ▼ 을(를) 0 로 정하기] 명령블록을 드래그하여 연결한다.

단계 03 [클릭횟수 을(를) 0 로 정하기] 명령블록에 [무한 반복하기] 명령블록을 드래그하여 연결한다.

단계 04 [무한 반복하기] 명령블록 내부에 [x: -220 부터 220 사이의 난수 y: -100 부터 100 사이의 난수 (으)로 이동하기] 명령블록을 드래그하여 넣는다.

단계 05 [x: -220 부터 220 사이의 난수 y: -100 부터 100 사이의 난수 (으)로 이동하기] 명령블록에 [1 초 기다리기] 명령블록을 드래그하여 연결한다.

단계 06 [이 스프라이트를 클릭했을 때] 명령블록에 [클릭횟수 ▼ 을(를) 1 만큼 바꾸기] 명령블록을 드래그하여 연결한다.

• 완성된 원숭이 스프라이트의 프로그램 코드는 다음과 같다.

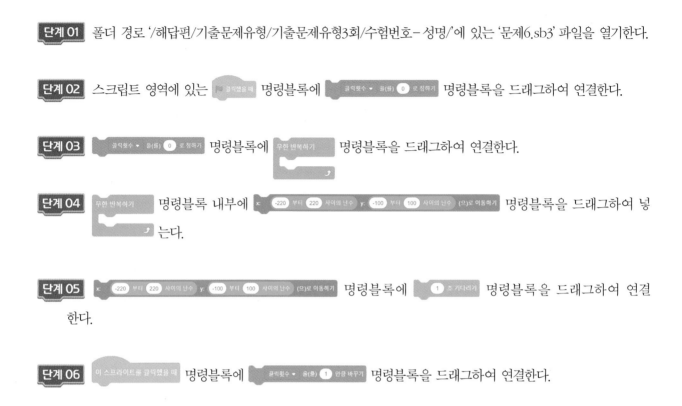

단계 01 폴더 경로 '/해답편/기출문제유형/기출문제유형3회/수험번호 – 성명/'에 있는 '문제7.sb3' 파일을 열기한다.

단계 02 스프라이트 영역에서 비둘기 스프라이트를 클릭한다. 스크립트 영역에 있는 `클릭했을 때` 명령블록에 `x좌표를 0 (으)로 정하기` 명령블록과 `y좌표를 0 (으)로 정하기` 명령블록을 차례로 드래그하여 연결한다.

단계 03 `오른쪽 화살표 ▼ 키를 눌렀을 때` 명령블록에 `10 만큼 움직이기` 명령블록을 드래그하여 연결한다.

단계 04 `왼쪽 화살표 ▼ 키를 눌렀을 때` 명령블록에 `-10 만큼 움직이기` 명령블록을 드래그하여 연결한다.

단계 05 스프라이트 영역에서 구름 스프라이트를 클릭한다. 스크립트 영역에 있는 `이 스프라이트를 클릭했을 때` 명령블록에 `무한 반복하기` 명령블록을 드래그하여 연결한다.

단계 06 `무한 반복하기` 명령블록 내부에 `x좌표를 260 (으)로 정하기` 명령블록을 드래그하여 넣는다.

단계 07 `x좌표를 260 (으)로 정하기` 명령블록에 `100 번 반복하기` 명령블록을 드래그하여 연결한다.

단계 08 `100 번 반복하기` 명령블록 내부에 `x좌표를 -5 만큼 바꾸기` 명령블록을 드래그하여 넣는다.

단계 09 무대 배경 영역에서 현재 설정된 무대 배경을 클릭한다. 스크립트 영역에 있는 `스페이스 ▼ 키를 눌렀을 때` 명령블록에 `무한 반복하기` 명령블록을 드래그하여 연결한다.

단계 10 `무한 반복하기` 명령블록 내부에 `1 초 기다리기` 명령블록을 드래그하여 넣는다.

단계 11 `1 초 기다리기` 명령블록에 `다음 배경으로 바꾸기` 명령블록을 드래그하여 연결한다.

• 완성된 비둘기 스프라이트, 구름 스프라이트, 무대 배경의 프로그램 코드는 다음과 같다.

단계 01 폴더 경로 '/해답편/기출문제유형/기출문제유형3회/수험번호−성명/'에 있는 '문제8.sb3' 파일을 열기한다.

단계 02 스프라이트 영역에서 정지 스프라이트를 클릭한다. 스크립트 영역에 있는 `이 스프라이트를 클릭했을 때` 명령블록에 `정지 ▾ 신호 보내기` 명령블록을 드래그하여 연결한다.

단계 03 스프라이트 영역에서 느림 스프라이트를 클릭한다. 스크립트 영역에 있는 `이 스프라이트를 클릭했을 때` 명령블록에 `느리게 ▾ 신호 보내기` 명령블록을 드래그하여 연결한다.

단계 04 스프라이트 영역에서 빠름 스프라이트를 클릭한다. 스크립트 영역에 있는 `이 스프라이트를 클릭했을 때` 명령블록에 `빠르게 ▾ 신호 보내기` 명령블록을 연결한다.

단계 05 스프라이트 영역에서 암탉 스프라이트를 클릭한다. 스크립트 영역에 있는 `🏳 클릭했을 때` 명령블록에 `투명도 ▾ 효과를 50 만큼 바꾸기` 명령블록을 드래그하여 연결한다.

단계 06 `정지 ▾ 신호를 받았을 때` 명령블록에 3개의 `멈추기 이 스프라이트에 있는 다른 스크립트 ▾` 명령블록들 중에서 한 개를 선택하여 드래그하여 연결한다.

단계 07 `느리게 ▾ 신호를 받았을 때` 명령블록에 남은 2개 `멈추기 이 스프라이트에 있는 다른 스크립트 ▾` 명령블록 중에서 한 개를 선택하여 드래그하여 연결한다.

단계 08 바로 앞의 단계에서 연결한 `멈추기 이 스프라이트에 있는 다른 스크립트 ▾` 명령블록에 2개의 `무한 반복하기` 명령블록들 중에서 한 개를 선택하여 드래그하여 연결한다.

단계 09 바로 앞의 단계에서 연결한 `무한 반복하기` 명령블록 내부에 2개의 `↻ 방향으로 30 도 회전하기` 명령블록들 중에서 한 개를 선택하여 드래하여 넣는다.

단계 10 바로 앞의 단계에서 연결한 `↻ 방향으로 30 도 회전하기` 명령블록에 `0.1 초 기다리기` 명령블록을 드래그하여 연결한다.

단계 11 `빠르게 ▾ 신호를 받았을 때` 명령블록에 남은 한 개의 `멈추기 이 스프라이트에 있는 다른 스크립트 ▾` 명령블록을 드래그하여 연결한다.

단계 12 바로 앞의 단계에서 연결한 [멈추기 이 스프라이트에 있는 다른 스크립트 ▼] 명령블록에 남은 한 개 [무한 반복하기] 명령블록을 드래그하여 연결한다.

단계 13 바로 앞의 단계에서 연결한 [무한 반복하기] 명령블록 내부에 남은 한 개 [방향으로 30 도 회전하기] 명령블록을 드래그하여 넣는다.

- 완성된 정지 스프라이트, 느림 스프라이트, 빠름 스프라이트, 암탉 스프라이트의 프로그램 코드는 다음과 같다.

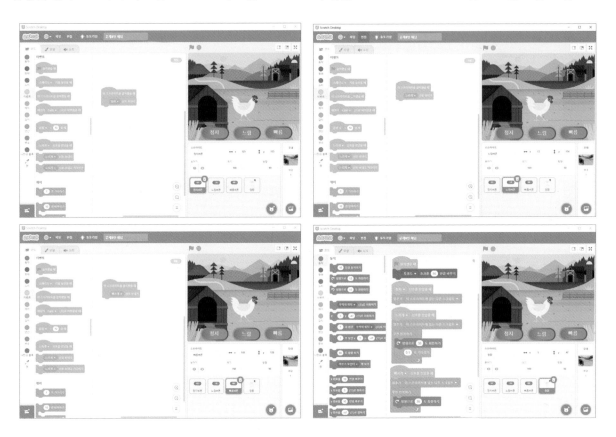

단계 01 폴더 경로 '/해답편/기출문제유형/기출문제유형3회/수험번호－성명/'에 있는 '문제9.sb3' 파일을 열기한다.

단계 02 스프라이트 영역에서 사람 스프라이트를 클릭한다. 스크립트 영역에 있는 [클릭했을 때] 명령블록에 3개의 [모양을 사람1 ▼ (으)로 바꾸기] 명령블록들 중에서 한 개를 선택하여 드래그하여 연결한다.

단계 03 [모양을 사람1 ▼ (으)로 바꾸기] 명령블록에 [무한 반복하기] 명령블록을 드래그하여 연결한다.

단계 04 [무한 반복하기] 명령블록 내부에 [수1 ▼ 을(를) 0 부터 100 사이의 난수 로 정하기] 명령블록을 드래그하여 넣는다.

단계 05 [수1 ▼ 을(를) 0 부터 100 사이의 난수 로 정하기] 명령블록에 [수2 ▼ 을(를) 0 부터 100 사이의 난수 로 정하기] 명령블록을 드래그하여 연결한다.

단계 06 [수2 ▼ 을(를) 0 부터 100 사이의 난수 로 정하기] 명령블록에 [결과 ▼ 을(를) 수1 + 수2 로 정하기] 명령블록을 드래그하여 연결한다.

단계 07 [결과 ▼ 을(를) 수1 + 수2 로 정하기] 명령블록에 [답은 얼마일까? 라고 묻고 기다리기] 명령블록을 드래그하여 연결한다.

단계 08 [답은 얼마일까? 라고 묻고 기다리기] 명령블록에 [만약 결과 = 대답 (이)라면 / 아니면] 명령블록을 드래그하여 연결한다.

단계 09 [만약 결과 = 대답 (이)라면 / 아니면] 명령블록 내부의 위쪽 빈칸에 2개의 [모양을 사람2 ▼ (으)로 바꾸기] 명령블록들 중에서 한 개를 선택하여 드래그하여 넣는다.

단계 10 [모양을 사람2 ▼ (으)로 바꾸기] 명령블록에 [맞았습니다. 을(를) 2 초 동안 말하기] 명령블록을 드래그하여 연결한다.

단계 11 [맞았습니다. 을(를) 2 초 동안 말하기] 명령블록에 남은 2개의 [모양을 사람1 ▼ (으)로 바꾸기] 명령블록들 중에 한 개를 선택하여 드래그하여 연결한다.

단계 12 [만약 결과 = 대답 (이)라면 / 아니면] 명령블록 내부의 아래쪽 빈칸에 남은 한 개의 [모양을 사람2 ▼ (으)로 바꾸기] 명령블록을 드래그하여 연결한다.

단계 13  모양을 사람2 ▾ (으)로 바꾸기 명령블록에 틀렸습니다. 을(를) 2 초 동안 말하기 명령블록을 드래그하여 연결한다.

단계 14 틀렸습니다 을(를) 2 초 동안 말하기 명령블록에 남은 한 개의 모양을 사람1 ▾ (으)로 바꾸기 명령블록을 연결한다.

• 완성된 사람 스프라이트의 프로그램 코드는 다음과 같다.

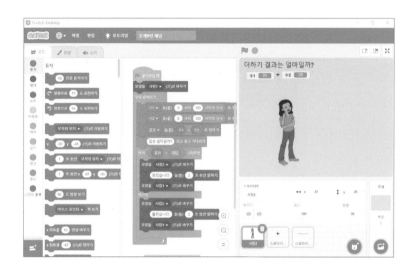

10 모범 답안

단계 01 폴더 경로 '/해답편/기출문제유형/기출문제유형3회/수험번호 – 성명/'에 있는 '문제10.sb3' 파일을 열기한다.

단계 02 스크립트 영역에 있는 클릭했을 때 명령블록에 [동작 동작] 명령블록 팔레트를 클릭한 다음 여기서 x: 0 y: 0 (으)로 이동하기 명령블록을 드래그하여 연결한 후 x: 의 숫자 '0'을 '–206'으로 y: 의 숫자 '0'을 '–107'로 수정한다.

단계 03 x: -206 y: -107 (으)로 이동하기 명령블록에 90 도 방향 보기 명령블록을 드래그하여 연결한다.

단계 04 [`90 도 방향 보기`] 명령블록에 [형태 ●] 명령블록 팔레트를 클릭한 다음 여기서 [`안녕! 을(를) 2 초 동안 말하기`] 명령 블록을 드래그하여 연결한 후 '안녕!'을 '가자!'로 수정한다.

단계 05 [`가자! 을(를) 2 초 동안 말하기`] 명령블록에 [제어 ●] 명령블록 팔레트를 클릭한 다음 여기서 [`10 번 반복하기`] 명령 블록을 드래그하여 연결한 후 숫자 '10'을 '5'로 수정한다.

단계 06 [`5 번 반복하기`] 명령블록 내부에 [형태 ●] 명령블록 팔레트를 클릭한 다음 여기서 [`다음 모양으로 바꾸기`] 명령블록을 드래그하여 넣는다.

단계 07 [`다음 모양으로 바꾸기`] 명령블록에 [동작 ●] 명령블록 팔레트를 클릭한 다음 여기서 [`10 만큼 움직이기`] 명령블록을 드래그하여 연결한 후 숫자 '10'을 '50'으로 수정한다.

단계 08 [`50 만큼 움직이기`] 명령블록에 [제어 ●] 명령블록 팔레트를 클릭한 다음 여기서 [`1 초 기다리기`] 명령블록을 드래그하여 연결한다.

단계 09 [`5 번 반복하기`] 명령블록에 [동작 ●] 명령블록 팔레트를 클릭한 다음 여기서 [`90 도 방향 보기`] 명령블록을 연결한 후 숫자 '90'을 '0'으로 수정한다.

단계 10 [`0 도 방향 보기`] 명령블록에 [제어 ●] 명령블록 팔레트에 있는 [`10 번 반복하기`] 명령블록을 드래그하여 연결한다.

단계 11 [`10 번 반복하기`] 명령블록 내부에 [형태 ●] 명령블록 팔레트를 클릭한 다음 여기서 [`다음 모양으로 바꾸기`] 명령블록을 드래그하여 넣는다.

단계 12 바로 앞의 단계에서 연결한 [`다음 모양으로 바꾸기`] 명령블록에 [동작 ●] 명령블록 팔레트를 클릭한 다음 여기서 [`10 만큼 움직이기`] 명령블록을 드래그하여 연결한 후 숫자 '10'을 '20'으로 수정한다.

단계 13 [`20 만큼 움직이기`] 명령블록에 [제어 ●] 명령블록 팔레트를 클릭한 다음 여기서 [`1 초 기다리기`] 명령블록을 드래그하여 연결한다.

단계 14 ⬚ 10 번 반복하기 명령블록에 [동작 🔵] 명령블록 팔레트를 클릭한 다음 여기서 90 도 방향 보기 명령블록을 드래그하여 연결한다.

단계 15 ⬚ 90 도 방향 보기 명령블록에 [제어 🔵] 명령블록 팔레트를 클릭한 다음 여기서 10 번 반복하기 명령블록을 드래그하여 연결한 후 숫자 '10'을 '3'으로 수정한다.

단계 16 ⬚ 3 번 반복하기 명령블록 내부에 [형태 🔵] 명령블록 팔레트를 클릭한 다음 여기서 다음 모양으로 바꾸기 명령블록을 드래그하여 넣는다.

단계 17 바로 앞의 단계에서 연결한 다음 모양으로 바꾸기 명령블록에 [동작 🔵] 명령블록 팔레트를 클릭한 다음 여기서 10 만큼 움직이기 명령블록을 드래그하여 연결한 후 숫자 '10'을 '30'으로 수정한다.

단계 18 ⬚ 30 만큼 움직이기 명령블록에 [제어 🔵] 명령블록 팔레트를 클릭한 다음 여기서 1 초 기다리기 명령블록을 드래그하여 연결한다.

단계 19 ⬚ 3 번 반복하기 명령블록에 [형태 🔵] 명령블록 팔레트를 클릭한 다음 여기서 안녕! 을(를) 2 초 동안 말하기 명령블록을 연결한 후 '안녕!'을 '찾았다!'로 수정한다.

• 완성된 코끼리 스프라이트의 프로그램 코드는 다음과 같다.

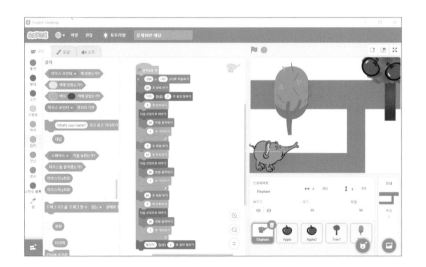

CHAPTER 06

최신 기출문제 유형 4회 풀이

01 해답 풀이

질문 유형	절차적 해결 개념에 대한 이해도를 물어보는 문제
풀이	우석이가 담을 콩 바구니의 전체 크기는 7리터이고 우석이가 콩을 옮길 때 사용할 수 있는 계량용 바구니의 종류로는 1리터, 2리터, 3리터이다. 우석이가 가장 적은 횟수로 콩을 옮기는 방법은 중간 크기의 계량컵 2리터를 제외한 나머지 2개의 계량컵을 사용하여 1리터, 3리터, 3리터 또는 3리터, 1리터, 3리터 또는 3리터, 3리터, 1리터의 순서대로 계량컵을 이용하여 콩을 모두 옮길 수 있다.
해설	(① 3) (② 1) 또는 (① 1) (② 3)

02 해답 풀이

질문 유형	컴퓨터 과학 용어의 개념에 대한 이해도를 물어보는 문제
풀이	컴퓨터로 처리할 수 있는 형태로 문제의 해결책을 표현하는 것을 컴퓨팅 사고라 말하며, 컴퓨터가 무엇을 해야 할지를 컴퓨터가 이해할 수 있는 언어를 사용해서 사람이 컴퓨터에게 알려주기 위해 프로그램을 작성하는 것을 코딩이라 한다.
해설	(① 컴퓨팅 사고) (② 코딩)

03 해답 풀이

질문 유형	사고력 추상화 개념에 대한 이해도를 물어보는 문제
풀이	송희가 좋아하는 것들을 살펴보면 색연필, 필통, 사인펜, 지우개, 색종이, 예쁜 클립은 문구에 속하고 해바라기, 수선화, 튤립, 벚꽃은 식물들 중에서도 꽃들에 속한다.
해설	(① 문구) (② 꽃)

04 해답 풀이

질문 유형	선택 구조 알고리즘의 개념에 대한 이해도를 물어보는 문제
풀이	☞ 영지가 고양이 목욕을 시킬 때 해야 하는 동작 순서는 다음과 같다. ① 고양이, 물, 비누, 드라이기 → ② 고양이를 안고 욕실로 간다. → ③ 욕조에 물을 받는다. → ④ 고양이 몸을 욕조에 담근다. → ⑤ 고양이 몸에 비누를 칠하고 문지른다. → ⑥ 고양이 몸을 맑은 물로 씻는다. → ⑦ 고양의 몸을 드라이기로 말린다. → ⑧ '고양이 몸이 모두 말려졌는가?'를 확인하여 만약 모두 말랐다면 ⑨번 동작으로 진행하고, 만약 아직 마르지 않았다면 ⑦번 동작으로 진행한다. → ⑨고양이 목욕 완료
해설	(① 욕조에 물을 받는다.) (② 고양이 몸이 모두 말려졌는가?)

05 해답 풀이

질문 유형	선택 구조 알고리즘의 개념에 대한 이해도를 물어보는 문제
풀이	☞ 희경이가 지하철을 타고 고모 댁으로 이동하기 위해 해야 하는 동작 순서는 다음과 같다. ① 지하철, 승차권, 지하철역 → ② 승차권 사기 → ③ 지하철이 도착하면 노선을 확인 후 탑승 → ④ 지하철을 타고 이동하기 → ⑤ 안내방송 듣기→ ⑥ '고모네 동네에 도착했는가?'를 확인하여, 만약 도착을 했다면 ⑦번 동작으로 진행하고, 만약 아직 도착하지 않았다면 ④번 동작으로 진행한다.→ ⑦ 지하철 내리기 → ⑧ 도착 완료
해설	(① 지하철을 타고 이동하기) (② 고모네 동네에 도착했는가?)

단계 01 폴더 경로 '/해답편/기출문제유형/기출문제유형4회/수험번호-성명/'에 있는 '문제6.sb3' 파일을 열기를 한다.

단계 02 스크립트 영역에 있는 [클릭했을 때] 명령블록에 [무한 반복하기] 명령블록을 드래그하여 연결한다.

단계 03 [무한 반복하기] 명령블록 내부에 [마우스 포인터 ▼ (으)로 이동하기] 명령블록을 드래그하여 넣는다.

단계 04 [마우스 포인터 ▼ (으)로 이동하기] 명령블록에 [만약 <마우스를 클릭했는가?> (이)라면] 명령블록을 드래그하여 연결한다.

단계 05 [만약 <마우스를 클릭했는가?> (이)라면] 명령블록 내부에 [도장찍기] 명령블록을 드래그하여 연결한다.

단계 06 [아무 ▼ 키를 눌렀을 때] 명령블록에 [모두 지우기] 명령블록을 드래그하여 연결한다.

- 완성된 나비 스프라이트의 프로그램 코드는 다음과 같다.

단계 01 폴더 경로 '/해답편/기출문제유형/기출문제유형4회/수험번호 – 성명/'에 있는 '문제7.sb3' 파일을 열기를 한다.

단계 02 스프라이트 영역에서 투어 버스 스프라이트를 클릭한다. 스크립트 영역에 있는 [클릭했을 때] 명령블록에 [x: -190 y: -140 (으)로 이동하기] 명령블록을 드래그하여 연결한다.

단계 03 [x: -190 y: -140 (으)로 이동하기] 명령블록에 [90 도 방향 보기] 명령블록들 드래그하여 연결한다.

단계 04 [아무 ▾ 키를 눌렀을 때] 명령블록에 [3 번 반복하기] 명령블록을 드래그하여 연결한다.

단계 05 [3 번 반복하기] 명령블록 내부에 2개의 [90 만큼 움직이기] 명령블록들 중 하나를 선택하여 드래그하여 넣는다.

단계 06 [90 만큼 움직이기] 명령블록에 2개의 [1 초 기다리기] 명령블록들 중에서 한 개를 선택하여 드래그하여 연결한다.

단계 07 [3 번 반복하기] 명령블록에 [2 번 반복하기] 명령블록을 드래그하여 연결한다.

단계 08 [2 번 반복하기] 명령블록 내부에 [0 도 방향 보기] 명령블록을 드래그하여 넣는다.

단계 09 [0 도 방향 보기] 명령블록에 남은 한 개의 [90 만큼 움직이기] 명령블록을 연결한다.

단계 10 바로 앞의 단계에서 연결한 [90 만큼 움직이기] 명령블록에 남은 한 개의 [1 초 기다리기] 명령블록을 드래그하여 연결한다.

단계 11 [2 번 반복하기] 명령블록에 [만약 (이)라면] 명령블록을 연결한다.

단계 12 [만약 (이)라면] 명령블록의 조건 지정 칸(⬡)에 [대륙빌딩 ▾ 에 닿았는가?] 명령블록을 드래그하여 넣는다.

단계 13 만약 [대룡빌딩▼ 에 닿았는가?] (이라면) 명령블록 내부에 [도착! 을(를) 2 초 동안 말하기] 명령블록을 드래그하여 넣는다.

- 완성된 투어버스 스프라이트의 프로그램 코드는 다음과 같다.

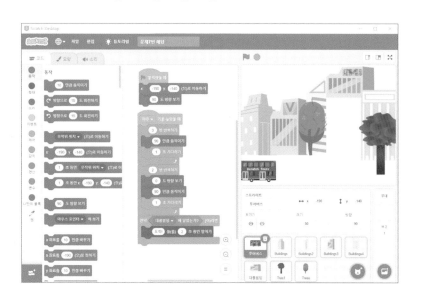

08 모범 답안

단계 01 폴더 경로 '/해답편/기출문제유형/기출문제유형4회/수험번호–성명/'에 있는 '문제8.sb3' 파일을 열기를 한다.

단계 02 스프라이트 영역에서 행운의 번호 스프라이트를 클릭한다. 스크립트 영역에 있는 [추첨시작▼ 신호를 받았을 때] 명령블록에 [까지 반복하기] 명령블록을 드래그하여 연결한다.

단계 03 [까지 반복하기] 명령블록의 조건 지정 칸 ( )에 [스페이스▼ 키를 눌렀는가?] 명령블록을 드래그하여 넣는다.

단계 04 [스페이스▼ 키를 눌렀는가? 까지 반복하기] 명령블록 내부에 [다음 모양으로 바꾸기] 명령블록을 드래그하여 넣는다.

단계 05 스프라이트 영역에서 추첨 시작 스프라이트를 클릭한 후 스크립트 영역에 있는 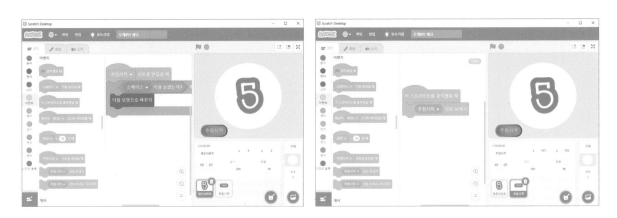 명령블록에 명령블록을 드래그하여 연결한다.

• 완성된 행운의 번호 스프라이트와 추첨 시작 스프라이트의 프로그램 코드는 다음과 같다.

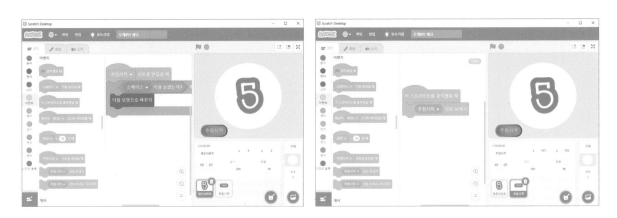

09 모범 답안

단계 01 폴더 경로 '/해답편/기출문제유형/기출문제유형4회/수험번호 – 성명/'에 있는 '문제9.sb3' 파일을 열기를 한다.

단계 02 스프라이트 영역에서 수탉 스프라이트를 클릭한다. 스크립트 영역에 있는 명령블록에 명령블록을 드래그하여 연결한다.

단계 03 명령블록 내부에 명령블록을 드래그하여 넣는다.

단계 04 명령블록 내부에 명령블록을 드래그하여 넣는다.

단계 05 명령블록에 명령블록을 드래그하여 연결한다.

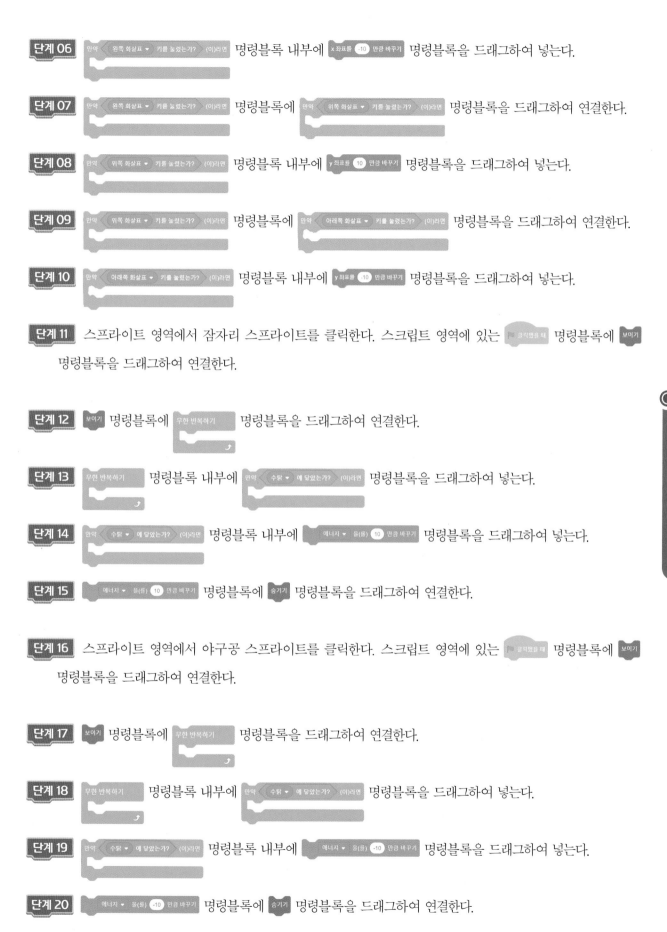

단계 06　[만약 〈왼쪽 화살표 ▾ 키를 눌렀는가?〉 (이)라면] 명령블록 내부에 [x좌표를 -10 만큼 바꾸기] 명령블록을 드래그하여 넣는다.

단계 07　[만약 〈왼쪽 화살표 ▾ 키를 눌렀는가?〉 (이)라면] 명령블록에 [만약 〈위쪽 화살표 ▾ 키를 눌렀는가?〉 (이)라면] 명령블록을 드래그하여 연결한다.

단계 08　[만약 〈위쪽 화살표 ▾ 키를 눌렀는가?〉 (이)라면] 명령블록 내부에 [y좌표를 10 만큼 바꾸기] 명령블록을 드래그하여 넣는다.

단계 09　[만약 〈위쪽 화살표 ▾ 키를 눌렀는가?〉 (이)라면] 명령블록에 [만약 〈아래쪽 화살표 ▾ 키를 눌렀는가?〉 (이)라면] 명령블록을 드래그하여 연결한다.

단계 10　[만약 〈아래쪽 화살표 ▾ 키를 눌렀는가?〉 (이)라면] 명령블록 내부에 [y좌표를 -10 만큼 바꾸기] 명령블록을 드래그하여 넣는다.

단계 11　스프라이트 영역에서 잠자리 스프라이트를 클릭한다. 스크립트 영역에 있는 [클릭했을 때] 명령블록에 [보이기] 명령블록을 드래그하여 연결한다.

단계 12　[보이기] 명령블록에 [무한 반복하기] 명령블록을 드래그하여 연결한다.

단계 13　[무한 반복하기] 명령블록 내부에 [만약 〈수탉 ▾ 에 닿았는가?〉 (이)라면] 명령블록을 드래그하여 넣는다.

단계 14　[만약 〈수탉 ▾ 에 닿았는가?〉 (이)라면] 명령블록 내부에 [에너지 ▾ 을(를) 10 만큼 바꾸기] 명령블록을 드래그하여 넣는다.

단계 15　[에너지 ▾ 을(를) 10 만큼 바꾸기] 명령블록에 [숨기기] 명령블록을 드래그하여 연결한다.

단계 16　스프라이트 영역에서 야구공 스프라이트를 클릭한다. 스크립트 영역에 있는 [클릭했을 때] 명령블록에 [보이기] 명령블록을 드래그하여 연결한다.

단계 17　[보이기] 명령블록에 [무한 반복하기] 명령블록을 드래그하여 연결한다.

단계 18　[무한 반복하기] 명령블록 내부에 [만약 〈수탉 ▾ 에 닿았는가?〉 (이)라면] 명령블록을 드래그하여 넣는다.

단계 19　[만약 〈수탉 ▾ 에 닿았는가?〉 (이)라면] 명령블록 내부에 [에너지 ▾ 을(를) -10 만큼 바꾸기] 명령블록을 드래그하여 넣는다.

단계 20　[에너지 ▾ 을(를) -10 만큼 바꾸기] 명령블록에 [숨기기] 명령블록을 드래그하여 연결한다.

• 완성된 수탉 스프라이트, 잠자리 스프라이트, 야구공 스프라이트의 프로그램 코드는 다음과 같다.

10 모범 답안

단계 01 폴더 경로 '/해답편/기출문제유형/기출문제유형4회/수험번호-성명/'에 있는 '문제10.sb3' 파일을 열기를 한다.

단계 02 스프라이트 영역에서 두더지 스프라이트를 클릭한다. 스크립트 영역에 있는 클릭했을 때 명령블록에 [형태 형태] 명령블록 팔레트를 클릭한 후 모양을 사라졌다 ▼ (으)로 바꾸기 명령블록을 드래그하여 연결한다.

단계 03 이 스프라이트를 클릭했을 때 명령블록에 계속해서 [형태 형태] 명령블록 팔레트에 있는 모양을 사라졌다 ▼ (으)로 바꾸기 명령블록을 드래그하여 연결한 후 '사라졌다'를 '나타났다'로 변경한다.

단계 04 모양을 나타났다 ▼ (으)로 바꾸기 명령블록에 계속해서 [형태 ●] 명령블록 팔레트에 있는 안녕! 을(를) 2 초 동안 말하기 명령 블록을 드래그하여 연결한 후 '안녕!'을 '나타났다. 두더지!'로 수정한다.

단계 05 스프라이트 영역에서 비둘기 스프라이트를 클릭한다. 스크립트 영역에 있는 클릭했을 때 명령블록에 [형태 ●] 명령블록 팔레트를 클릭한 후 모양을 사라졌다 ▼ (으)로 바꾸기 명령블록을 드래그하여 연결한다.

단계 06 이 스프라이트를 클릭했을 때 명령블록에 계속해서 [형태 ●] 명령블록 팔레트에 있는 모양을 사라졌다 ▼ (으)로 바꾸기 명령블록을 드래그하여 연결한 후 '사라졌다'를 '나타났다'로 변경한다.

단계 07 모양을 사라졌다 ▼ (으)로 바꾸기 명령블록에 계속해서 [형태 ●] 명령블록 팔레트에 있는 안녕! 을(를) 2 초 동안 말하기 명령 블록을 드래그하여 연결한 다음 '안녕!'을 '나타났다. 비둘기!'로 수정한다.

• 완성된 두더지 스프라이트, 비둘기 스프라이트의 프로그램 코드는 다음과 같다.

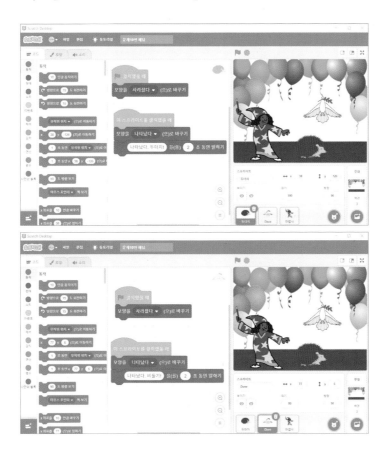

최신 기출문제 유형 5회 풀이

01 해답 풀이

질문 유형	패턴 찾기 개념에 대한 이해도를 물어보는 문제
풀이	소란이네 현관 비밀번호를 만드는 규칙은 가장 왼쪽에 있는 첫 번째 숫자는 3,4,5가 1~12월까지 돌아가면서 반복되고 다음 2번째 숫자는 1, 2, 3, 4, 5, 6이 1~12월까지 돌아가면서 반복된다. 3번째 숫자는 1~6월까지는 모두 1이고 7~12월까지는 모두 0이다. 마지막 숫자는 1~12월까지 1, 2, 3, 4, 5, 6이 돌아가면서 반복된다. 따라서 4월 30일의 비밀번호는 왼쪽부터 첫 번째 자리는 3, 두 번째 자리는 4, 세 번째 자리는 1, 마지막 자리는 4가 되어 3414가 되고, 9월 30일의 비밀번호는 왼쪽부터 첫 번째 자리는 5, 두 번째 자리는 3, 세 번째 자리는 0, 마지막 자리는 3이 되어 5303이 되는 것을 알 수 있다.
해설	(① 3414)　(② 5303)

02 해답 풀이

질문 유형	데이터 분류 개념에 대한 이해도를 물어보는 문제
풀이	희수의 물건을 정리하기 위해 필요한 상자는 문구용품 상자(가위, 볼펜, 풀, 색종이, 연필, 지우개), 장난감 상자(곰인형, 레고, 바비인형), 의류용품 상자(목도리, 점퍼, 양말, 청바지, 티셔츠) 3개가 필요하고 이름 순서대로 오름차순 정렬하면 가위, 곰인형, 레고, 목도리, 바비인형, 볼펜, 색종이, 양말, 연필, 점퍼, 지우개, 청바지, 티셔츠, 풀 순서이다. 따라서 세 번째 순서에 해당하는 것을 레고이다.
해설	(① 3)　(② 레고)

질문 유형	문제 해결 절차의 개념에 대한 이해도를 물어보는 문제
풀이	혜상이의 정리 규칙에 따라 물건들을 정리하면 왼쪽부터 순서대로 책, 노트, 연필, 안경 순서이다.
해설	(① 노트) (② 안경)

질문 유형	선택 구조 알고리즘의 개념에 대한 이해도를 물어보는 문제
풀이	☞ 루미와 태린이가 아이스크림 케이크를 살 때 해야 하는 동작 순서는 다음과 같다. ① 태린이와 공원에서 만난다. → ② 아이스크림 가게로 걸어간다. → ③ 함께 아이스크림 케이크를 고른다. → ④ '가격이 2만 원을 넘지 않는가?'를 확인하여 만약 2만 원을 넘지 않는다면 ⑤번 동작으로 진행하고, 만약 2만 원을 넘는다면 ⑥번 동작으로 진행한다. → ⑤ '아이스크림 케이크를 산다.'를 실행 후 종료함 → ⑥ 다른 가게로 간다.
해설	(① 아이스크림 가게로 걸어간다.) (② 가격이 2만 원을 넘지 않는가?)

질문 유형	선택 구조 알고리즘의 개념에 대한 이해도를 물어보는 문제
풀이	☞ 하늬와 초록이가 영어 단어 카드 게임을 하기 위해 해야 하는 동작 순서는 다음과 같다. ① 단어카드 2장 → ② 낱말 카드를 뽑는다. → ③ 두 카드의 첫 글자 알파벳을 비교한다. → ④ 만약 하늬의 카드 단어 첫 글자가 초록이의 카드 단어 첫 글자보다 크다면 ⑤로 진행하고, 만약 크지 않다면 ⑥번 동작으로 진행한다. → ⑤ 하늬 승 실행 후 종료함 → ⑥ 하늬의 카드 단어 첫 글자와 초록이의 카드 단어 첫 글자가 같다면 ⑦번 동작으로 진행하고, 만약 같지 않았다면 ⑧번 동작으로 진행한다. → ⑦ 무승부 실행 후 종료함 → ⑧ 초록 승
해설	(① 하늬의 카드 단어 첫 글자 〉 초록이의 카드 단어 첫 글자) (② 초록 승)

PART VII. SW 코딩자격 3급
해답 및 풀이

단계 01 폴더 경로 '/해답편/기출문제유형/기출문제유형5회/수험번호 – 성명/'에 있는 '문제6.sb3' 파일을 열기를 한다.

단계 02 스프라이트 영역에서 펭귄 스프라이트를 클릭한다. 스크립트 영역에 있는 [클릭했을 때] 명령블록에 [보이기] 명령 블록을 드래그하여 연결한다.

단계 03 [보이기] 명령블록에 [x: -10 y: 8 (으)로 이동하기] 명령블록을 드래그하여 연결한다.

단계 04 [x: -10 y: 8 (으)로 이동하기] 명령블록에 [내려 갈까? 라고 묻고 기다리기] 명령블록을 드래그하여 연결한다.

단계 05 [내려 갈까? 라고 묻고 기다리기] 명령블록에 [만약 대답 = 예 (이)라면 아니면] 명령블록을 드래그하여 연결한다.

단계 06 [만약 대답 = 예 (이)라면 아니면] 명령블록 내부의 위쪽 빈칸에 [무한 반복하기] 명령블록을 드래그하여 넣는다.

단계 07 [무한 반복하기] 명령블록 내부에 [y좌표를 -10 만큼 바꾸기] 명령블록을 드래그하여 연결한다.

단계 08 [y좌표를 -10 만큼 바꾸기] 명령블록에 [다음 모양으로 바꾸기] 명령블록을 드래그하여 연결한다.

단계 09 [다음 모양으로 바꾸기] 명령블록에 [0.1 초 기다리기] 명령블록을 드래그하여 연결한다.

단계 10 [0.1 초 기다리기] 명령블록에 [만약 도착지점 ▾ 에 닿았는가? (이)라면] 명령블록을 드래그하여 연결한다.

단계 11 [만약 도착지점 ▾ 에 닿았는가? (이)라면] 명령블록 내부에 [숨기기] 명령블록을 드래그하여 넣는다.

단계 12 [만약 대답 = 예 (이)라면 아니면] 명령블록의 아래쪽 빈칸에 [좀더 여기 있을래요. 을(를) 2 초 동안 말하기] 명령블록을 드래그하여 넣는다.

• 완성된 펭귄 스프라이트의 프로그램 코드는 다음과 같다.

07 모범 답안

단계 01 폴더 경로 '/해답편/기출문제유형/기출문제유형5회/수험번호 – 성명/'에 있는 '문제7.sb3' 파일을 열기를 한다.

단계 02 스프라이트 영역에서 우주 강아지 스프라이트를 클릭한다. 스크립트 영역에 있는 ▶ 클릭했을 때 명령블록에 2 개의 x: 0 y: -50 (으)로 이동하기 명령블록들 중 한 개를 선택하여 드래그하여 연결한다.

단계 03 x: 0 y: -50 (으)로 이동하기 명령블록에 다음은 우주선 입니다! 을(를) 2 초 동안 말하기 명령블록을 드래그하여 연결한다.

단계 04 이 스프라이트를 클릭했을 때 명령블록에 2개의 x좌표를 200 (으)로 정하기 명령블록들 중 한 개를 선택하여 드래그하여 연결한다.

단계 05 앞의 단계에서 연결한 x좌표를 200 (으)로 정하기 명령블록에 우주인시작 ▾ 신호 보내기 명령블록을 드래그하여 연결한다.

단계 06 우주선시작 ▾ 신호를 받았을 때 명령블록에 남은 한 개 x: 0 y: -50 (으)로 이동하기 명령블록을 드래그하여 연결한다.

단계 07 `x: 0 y: -50 (으)로 이동하기` 명령블록에 `다음은 우주선 입니다! 을(를) 2 초 동안 말하기` 명령블록을 드래그하여 연결한다.

단계 08 `다음은 우주선 입니다! 을(를) 2 초 동안 말하기` 명령블록에 남은 한 개의 `x좌표를 200 (으)로 정하기` 명령블록을 드래그하여 연결한다.

단계 09 스프라이트 영역에서 우주인 스프라이트를 클릭한다. 스크립트 영역에 있는 `클릭했을 때` 명령블록에 `숨기기` 명령블록을 드래그하여 연결한다.

단계 10 `우주인시작 ▼ 신호를 받았을 때` 명령블록에 `보이기` 명령블록을 드래그하여 연결한다.

단계 11 `보이기` 명령블록에 `x: 0 y: 0 (으)로 이동하기` 명령블록을 드래그하여 연결한다.

단계 12 `x: 0 y: 0 (으)로 이동하기` 명령블록에 `10 번 반복하기` 명령블록을 드래그하여 연결한다.

단계 13 `10 번 반복하기` 명령블록 내부에 `0.2 초 기다리기` 명령블록을 드래그하여 넣는다.

단계 14 `0.2 초 기다리기` 명령블록에 `다음 모양으로 바꾸기` 명령블록을 드래그하여 연결한다.

단계 15 `스페이스 ▼ 키를 놓였을 때` 명령블록에 `숨기기` 명령블록을 드래그하여 연결한다.

단계 16 `숨기기` 명령블록에 `우주선시작 ▼ 신호 보내기` 명령블록을 드래그하여 연결한다.

단계 17 스프라이트 영역에서 우주선 스프라이트를 클릭한다. 스크립트 영역에 있는 `클릭했을 때` 명령블록에 `숨기기` 명령블록을 드래그하여 연결한다.

단계 18 `우주선시작 ▼ 신호를 받았을 때` 명령블록에 `2 초 기다리기` 명령블록을 드래그하여 연결한다.

단계 19 `2 초 기다리기` 명령블록에 `보이기` 명령블록을 드래그하여 연결한다.

단계 20 `보이기` 명령블록에 `x: 0 y: 0 (으)로 이동하기` 명령블록을 드래그하여 연결한다.

단계 21 [x: 0 y: 0 (으)로 이동하기] 명령블록에 [10 번 반복하기] 명령블록을 드래그하여 연결한다.

단계 22 [10 번 반복하기] 명령블록 내부에 [0.2 초 기다리기] 명령블록을 드래그하여 넣는다.

단계 23 [0.2 초 기다리기] 명령블록에 [다음 모양으로 바꾸기] 명령블록을 드래그하여 연결한다.

단계 24 무대 배경 영역에서 배경을 클릭한다. 스크립트 영역에 있는 [클릭했을 때] 명령블록에 [배경을 배경1 ▼ (으)로 바꾸기] 명령블록을 드래그하여 연결한다.

단계 25 [우주시작 ▼ 신호를 받았을 때] 명령블록에 [배경을 배경2 ▼ (으)로 바꾸기] 명령블록을 드래그하여 연결한다.

단계 26 [우주신시작 ▼ 신호를 받았을 때] 명령블록에 [색깔 ▼ 효과를 100 (으)로 정하기] 명령블록을 드래그하여 연결한다.

- 완성된 우주강아지 스프라이트, 우주인 스프라이트, 우주선 스프라이트, 무대 배경의 프로그램 코드는 다음과 같다.

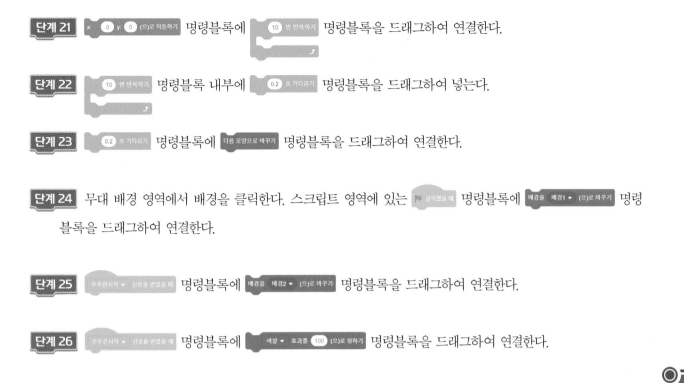

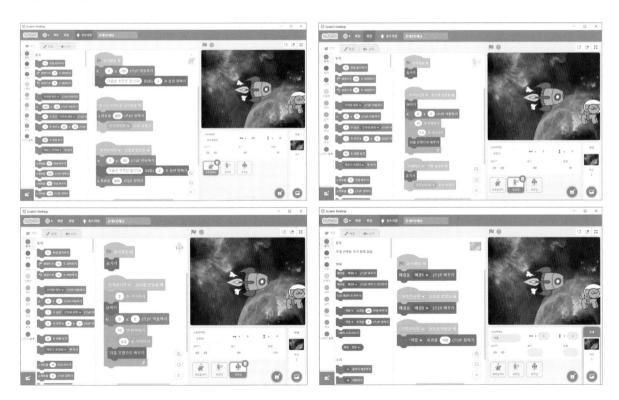

단계 01 폴더 경로 '/해답편/기출문제유형/기출문제유형5회/수험번호 – 성명/'에 있는 '문제8.sb3' 파일을 열기를 한다.

단계 02 스프라이트 영역에서 고양이 스프라이트를 클릭한다. 스크립트 영역에 있는 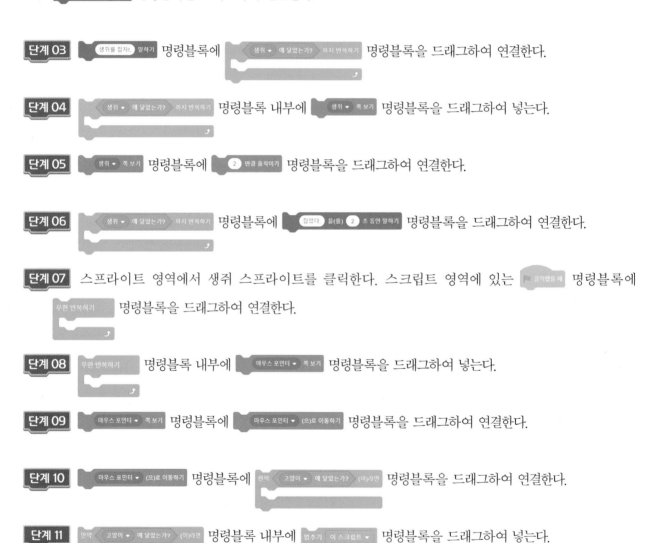 명령블록에 명령블록을 드래그하여 연결한다.

단계 03 명령블록에 명령블록을 드래그하여 연결한다.

단계 04 명령블록 내부에 명령블록을 드래그하여 넣는다.

단계 05 명령블록에 명령블록을 드래그하여 연결한다.

단계 06 명령블록에 명령블록을 드래그하여 연결한다.

단계 07 스프라이트 영역에서 생쥐 스프라이트를 클릭한다. 스크립트 영역에 있는 명령블록에 명령블록을 드래그하여 연결한다.

단계 08 명령블록 내부에 명령블록을 드래그하여 넣는다.

단계 09 명령블록에 명령블록을 드래그하여 연결한다.

단계 10 명령블록에 명령블록을 드래그하여 연결한다.

단계 11 명령블록 내부에 명령블록을 드래그하여 넣는다.

• 완성된 고양이 스프라이트, 생쥐 스프라이트의 프로그램 코드는 다음과 같다.

09 모범 답안

단계 01 폴더 경로 '/해답편/기출문제유형/기출문제유형5회/수험번호-성명/'에 있는 '문제9.sb3' 파일을 열기를 한다.

단계 02 스프라이트 영역에서 민식이 스프라이트를 클릭한다. 스크립트 영역에 있는 [🏳 클릭했을 때] 명령블록에 [사과를 몇개 복제할까요? 라고 묻고 기다리기] 명령블록을 드래그하여 연결한다.

단계 03 [사과를 몇개 복제할까요? 라고 묻고 기다리기] 명령블록에 [사과복제 ▾ 신호 보내기] 명령블록을 드래그하여 연결한다.

단계 04 [사과복제 ▾ 신호를 받았을 때] 명령블록에 [1 초 기다리기] 명령블록을 드래그하여 연결한다.

단계 05 [1 초 기다리기] 명령블록에 [만약 〈대답 나누기 2 의 나머지 = 0〉(이)라면 아니면] 명령블록을 드래그하여 연결한다.

단계 06 [만약 〈대답 나누기 2 의 나머지 = 0〉(이)라면 아니면] 명령블록 내부의 위쪽 빈칸에 [복제된 사과는 짝수 개 입니다. 을(를) 2 초 동안 말하기] 명령블록을 드래그하여 넣는다.

단계 07 만약 〔대답 나누기 2 의 나머지 = 0 (이)라면 / 아니면〕 명령블록 내부의 아래쪽 빈칸에 〔복제된 사과는 홀수 개 입니다. 을(를) 2 초 동안 말하기〕 명령블록을 드래그하여 넣는다.

단계 08 스프라이트 영역에서 사과 스프라이트를 클릭한다. 스크립트 영역에 있는 〔클릭했을 때〕 명령블록에 〔x: -100 y: 45 (으)로 이동하기〕 명령블록을 드래그하여 연결한다.

단계 09 〔사과복제 ▼ 신호를 받았을 때〕 명령블록에 〔대답 번 반복하기〕 명령블록을 드래그하여 연결한다.

단계 10 〔대답 번 반복하기〕 명령블록 내부에 〔나 자신 ▼ 복제하기〕 명령블록을 드래그하여 연결한다.

단계 11 〔나 자신 ▼ 복제하기〕 명령블록에 〔x 좌표를 50 만큼 바꾸기〕 명령블록을 드래그하여 연결한다.

• 완성된 민식이 스프라이트, 사과 스프라이트의 프로그램 코드는 다음과 같다.

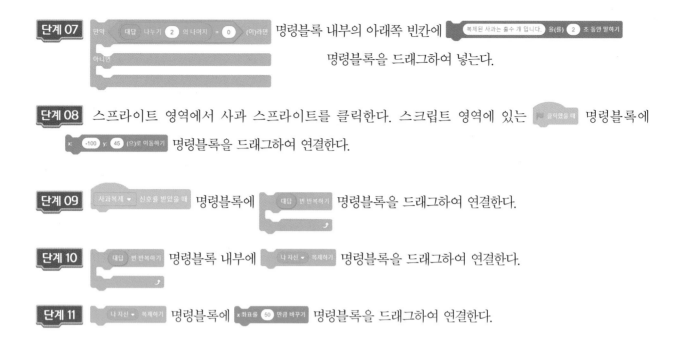

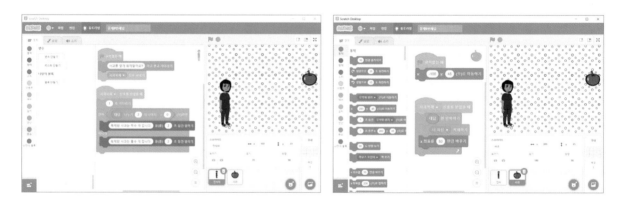

단계 01 폴더 경로 '/해답편/기출문제유형/기출문제유형5회/수험번호 – 성명/'에 있는 '문제10.sb3' 파일을 더블클릭하여 열기를 한다.

단계 02 스프라이트 영역에서 아이돌스타 스프라이트를 클릭한다. [이벤트 ⬤] 명령블록 팔레트를 클릭한 다음 여기서 🏴클릭했을때 명령블록을 스크립트 영역으로 드래그한다.

단계 03 🏴클릭했을때 명령블록에 [동작 ⬤] 명령블록 팔레트를 클릭한 다음 여기서 x: 0 y: 0 (으)로 이동하기 명령블록을 드래그하여 연결한 후 x: 의 숫자 '0'을 ' – 175'로 y: 의 숫자 '0'을 ' – 62'로 수정한다.

단계 04 x: -175 y: -62 (으)로 이동하기 명령블록에 [변수 ⬤] 명령블록 팔레트를 클릭한 후 여기서 섭취한 칼로리 ▾ 을(를) 0 로 정하기 명령블록을 드래그하여 연결한 후 '섭취한 칼로리'를 '일일 권장 칼로리'로 변경하고 숫자 '0'을 '1600'으로 수정한다.

단계 05 일일 권장 칼로리 ▾ 을(를) 1600 로 정하기 명령블록에 섭취한 칼로리 ▾ 을(를) 0 로 정하기 명령블록을 드래그하여 연결한다.

단계 06 섭취한 칼로리 ▾ 을(를) 0 로 정하기 명령블록에 [형태 ⬤] 명령블록 팔레트를 클릭한 후 안녕! 을(를) 2 초 동안 말하기 명령블록을 드래그하여 연결한 후 '안녕!'을 '먹고 싶다!'로 수정한다.

단계 07 [이벤트 ⬤] 명령블록 팔레트를 클릭한 후 여기서 메시지1 ▾ 신호를 받았을 때 명령블록을 스크립트 영역으로 드래그한 후 메시지1을 클릭하여 새로운 메시지가 보이면 이것을 클릭하여 메시지 입력창을 띄우고 '먹기'를 입력한 후 확인 버튼을 클릭한다.

단계 08 먹기 ▾ 신호를 받았을 때 명령블록에 [제어 ⬤] 명령블록 팔레트를 클릭한 후 여기서 만약 (이)라면 아니면 명령블록을 드래그하여 연결한다.

단계 09 만약 ◇ (이)라면 아니면 명령블록의 조건 지정(◇)란에 [연산 ⬤] 명령블록 팔레트를 클릭한 후 여기서 ◯ < 50 명령블록을 드래그하여 넣는다.

단계 10 ◯ < 50 명령블록의 첫 번째 빈칸에는 [변수 ⬤] 명령블록 팔레트를 클릭한 후 일일 권장 칼로리 명령블록을 드래그하여 넣고, 두 번째 빈칸에는 섭취한 칼로리 명령블록을 드래그하여 넣는다.

PART VII. SW 코딩자격 3급 해답 및 풀이

단계 11 `만약 [일일 권장 칼로리 < 섭취한 칼로리] (이)라면 아니면` 명령블록의 위쪽 빈칸에는 [형태 ●] 명령블록 팔레트를 클릭한 후 여기서 `안녕! 을(를) 2 초 동안 말하기` 명령블록을 드래그하여 연결한 후 '안녕!'을 '오늘 다이어트 실패!'로 수정한다.

단계 12 `오늘 다이어트 실패! 을(를) 2 초 동안 말하기` 명령블록에 [제어 ●] 명령블록 팔레트를 클릭한 후 여기서 `멈추기 모두 ▾` 명령블록을 드래그하여 연결한다.

단계 13 `만약 [일일 권장 칼로리 < 섭취한 칼로리] (이)라면 아니면` 명령블록의 아래쪽 빈칸에는 [형태 ●] 명령블록 팔레트를 클릭한 후 여기서 `안녕! 을(를) 2 초 동안 말하기` 명령블록을 드래그하여 연결한 후 '안녕!'을 '조금 더 먹자!'로 수정한다.

단계 14 스프라이트 영역에서 케익 스프라이트를 클릭한다. [이벤트 ○] 명령블록 팔레트를 클릭한 다음 여기서 `🏳 클릭했을 때` 명령블록을 스크립트 영역으로 드래그한다.

단계 15 `🏳 클릭했을 때` 명령블록에 [동작 ●] 명령블록 팔레트를 클릭한 다음 여기서 `x 0 y 0 (으)로 이동하기` 명령블록을 드래그하여 연결한 후 x: 의 숫자 '0'을 '−68'로 y: 의 숫자 '0'을 '41'로 수정한다.

단계 16 `x −68 y 41 (으)로 이동하기` 명령블록에 [형태 ●] 명령블록 팔레트를 클릭한 다음, 여기서 `보이기` 명령블록을 드래그하여 연결한다.

단계 17 [이벤트 ○] 명령블록 팔레트를 클릭한 다음 여기서 `이 스프라이트를 클릭했을 때` 명령블록을 스크립트 영역으로 드래그 한다.

단계 18 `이 스프라이트를 클릭했을 때` 명령블록에 [변수 ●] 명령블록 팔레트를 클릭한 다음 여기서 `섭취한 칼로리 ▾ 을(를) 1 만큼 바꾸기` 명령블록을 드래그하여 연결한 후 숫자 '1'을 '900'으로 수정한다.

단계 19 `섭취한 칼로리 ▾ 을(를) 900 만큼 바꾸기` 명령블록에 [동작 ●] 명령블록 팔레트를 클릭한 다음 여기서 `무작위 위치 ▾ (으)로 이동하기` 명령블록을 드래그하여 연결한 후 '무작위 위치'를 '아이돌스타'로 변경한다.

단계 20 `아이돌스타 ▾ (으)로 이동하기` 명령블록에 [형태 ●] 명령블록 팔레트를 클릭한 다음 여기서 `숨기기` 명령블록을 드래그하여 연결한다.

단계 21 숨기기 명령블록에 [이벤트 이벤트] 명령블록 팔레트를 클릭한 다음 여기서 여기▼ 신호 보내기 명령블록을 드래그하여 연결한다.

단계 22 스프라이트 영역에서 우유 스프라이트를 클릭한다. [이벤트 이벤트] 명령블록 팔레트를 클릭한 다음 여기서 🏳클릭했을 때 명령블록을 스크립트 영역으로 드래그한다.

단계 23 🏳클릭했을 때 명령블록에 [동작 동작] 명령블록 팔레트를 클릭한 다음 여기서 x: 0 y: 0 (으)로 이동하기 명령블록을 드래그하여 연결한 후 x: 의 숫자 '0'을 '103'으로 y: 의 숫자 '0'을 '48'로 수정한다.

단계 24 x: 103 y: 48 (으)로 이동하기 명령블록에 [형태 형태] 명령 블록 팔레트를 클릭한 다음 여기서 보이기 명령블록을 드래그하여 연결한다.

단계 25 [이벤트 이벤트] 명령블록 팔레트를 클릭한 다음 여기서 이 스프라이트를 클릭했을 때 명령블록을 스크립트 영역으로 드래그한다.

단계 26 이 스프라이트를 클릭했을 때 명령블록에 [변수 변수] 명령블록 팔레트를 클릭한 다음 여기서 섭취한 칼로리▼ 을(를) 1 만큼 바꾸기 명령블록을 드래그하여 연결한 후 숫자 '1'을 '350'으로 수정한다.

단계 27 섭취한 칼로리▼ 을(를) 350 만큼 바꾸기 명령블록에 [동작 동작] 명령블록 팔레트를 클릭한 다음 여기서 무작위 위치▼ (으)로 이동하기 명령블록을 드래그하여 연결한 후 '무작위 위치'를 '아이돌스타'로 변경한다.

단계 28 아이돌스타▼ (으)로 이동하기 명령블록에 [형태 형태] 명령블록 팔레트를 클릭한 다음 여기서 숨기기 명령블록을 드래그하여 연결한다.

단계 29 숨기기 명령블록에 [이벤트 이벤트] 명령블록 팔레트를 클릭한 다음 여기서 여기▼ 신호 보내기 명령블록을 드래그하여 연결한다.

단계 30 스프라이트 영역에서 샐러드 스프라이트를 클릭한다. [이벤트 이벤트] 명령블록 팔레트를 클릭한 다음 여기서 🏳클릭했을 때 명령블록을 스크립트 영역으로 드래그한다.

단계 31 🏳클릭했을 때 명령블록에 [동작 동작] 명령블록 팔레트를 클릭한 다음 여기서 x: 0 y: 0 (으)로 이동하기 명령블록을 드래그하여 연결한 후 x: 의 숫자 '0'을 '-68'로 y: 의 숫자 '0'을 '-108'로 수정한다.

단계 32 [x: `-68` y: `-108` (으)로 이동하기] 명령블록에 [형태 ● 형태] 명령블록 팔레트를 클릭한 다음 여기서 [보이기] 명령블록을 드래그하여 연결한다.

단계 33 [이벤트 ○ 이벤트] 명령블록 팔레트를 클릭한 다음 여기서 [이 스프라이트를 클릭했을 때] 명령블록을 스크립트 영역으로 드래그한다.

단계 34 [이 스프라이트를 클릭했을 때] 명령블록에 [변수 ● 변수] 명령블록 팔레트를 클릭한 다음 여기서 [섭취한 칼로리 ▼ 을(를) `1` 만큼 바꾸기] 명령블록을 드래그하여 연결한 후 숫자 '1'을 '300'으로 수정한다.

단계 35 [섭취한 칼로리 ▼ 을(를) `300` 만큼 바꾸기] 명령블록에 [동작 ● 동작] 명령블록 팔레트를 클릭한 다음 여기서 [무작위 위치 ▼ (으)로 이동하기] 명령블록을 드래그하여 연결한 후 '무작위 위치'를 '아이돌스타'로 변경한다.

단계 36 [아이돌스타 ▼ (으)로 이동하기] 명령블록에 [형태 ● 형태] 명령 블록 팔레트를 클릭한 다음 여기서 [숨기기] 명령블록을 드래그하여 연결한다.

단계 37 [숨기기] 명령블록에 [이벤트 ○ 이벤트] 명령블록 팔레트를 클릭한 다음 여기서 [먹기 ▼ 신호 보내기] 명령블록을 드래그하여 연결한다.

단계 38 스프라이트 영역에서 딸기 스프라이트를 클릭한다. [이벤트 ○ 이벤트] 명령블록 팔레트를 클릭한 다음 여기서 [🚩 클릭했을 때] 명령블록을 스크립트 영역으로 드래그한다.

단계 39 [🚩 클릭했을 때] 명령블록에 [동작 ● 동작] 명령블록 팔레트를 클릭한 다음 여기서 [x: `0` y: `0` (으)로 이동하기] 명령블록을 드래그하여 연결한 후 x: 의 숫자 '0'을 '103'으로 y: 의 숫자 '0'을 '-91'로 수정한다.

단계 40 [x: `103` y: `-91` (으)로 이동하기] 명령블록에 [형태 ● 형태] 명령블록 팔레트를 클릭한 다음 여기서 [보이기] 명령블록을 드래그하여 연결한다.

단계 41 [이벤트 ○ 이벤트] 명령블록 팔레트를 클릭한 다음 여기서 [이 스프라이트를 클릭했을 때] 명령블록을 스크립트 영역으로 드래그한다.

단계 42 [이 스프라이트를 클릭했을 때] 명령블록에 [변수 ● 변수] 명령블록 팔레트를 클릭한 후 여기서 [섭취한 칼로리 ▼ 을(를) `1` 만큼 바꾸기] 명령블록을 드래그하여 연결한 후 숫자 '1'을 '500'으로 수정한다.

단계 43 섭취한 칼로리 ▼ 을(를) 500 만큼 비우기 명령블록에 [동작 ⬤ 동작] 명령 블록 팔레트를 클릭한 다음 여기서 무작위 위치 ▼ (으)로 이동하기 명령블록을 드래그하여 연결한 후 '무작위 위치'를 '아이돌스타'로 변경한다.

단계 44 아이돌스타 ▼ (으)로 이동하기 명령블록에 [형태 ⬤ 형태] 명령 블록 팔레트를 클릭한 다음 여기서 숨기기 명령블록을 드래그하여 연결한다.

단계 45 숨기기 명령블록에 [이벤트 ⬤ 이벤트] 명령 블록 팔레트를 클릭한 다음 여기서 먹기 ▼ 신호 보내기 명령블록을 드래그하여 연결한다.

• 완성된 아이돌스타 스프라이트, 케익 스프라이트, 우유 스프라이트, 샐러드 스프라이트, 딸기 스프라이트의 프로그램 코드는 다음과 같다.

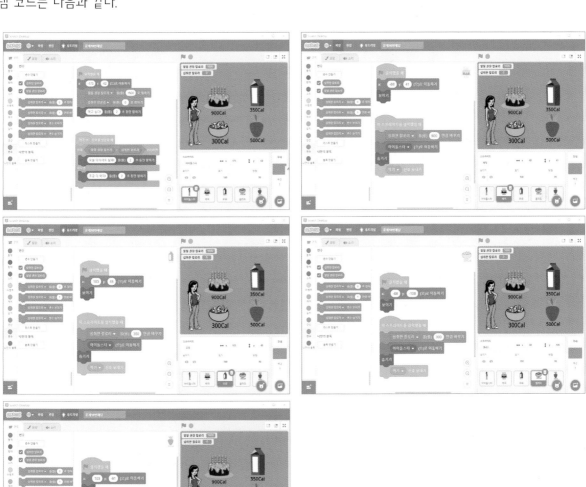

한권으로 끝내는
SW 코딩자격
스크래치 3급

| 2021년 | 9월 | 1일 | 1판 | 1쇄 | 인 쇄 |
| 2021년 | 9월 | 6일 | 1판 | 1쇄 | 발 행 |

지 은 이 : 박희숙·박창수·김세호·김석전

펴 낸 이 : 박　　　정　　　태

펴 낸 곳 : **광　　　문　　　각**

10881
파주시 파주출판문화도시 광인사길 161
광문각 B/D 4층
등　　록 : 1991. 5. 31 제12 - 484호
전 화(代): 031-955-8787
팩　　스 : 031-955-3730
E - mail : kwangmk7@hanmail.net
홈페이지 : www.kwangmoonkag.co.kr

ISBN : 978-89-7093-568-3　93000

값 : 15,000원

한국과학기술출판협회
Korean Science & Technology Publisher Association

저자와 협의하여 인지를 생략합니다.